短所が自分の魅力になる

新・逆転の流儀

川北義則
Kawakita Yoshinori

文芸社文庫

はじめに……短所こそ自信に変えるべきだ

自分の短所がわかっていて、それをいつも気にしている人がいる。
たとえば気が短い人がいる。そんなタイプは相手の話を最後まで聞かずに「そうか、わかった、わかった」と、とかく一人合点してしまう傾向があるようだ。「気の長い人に比べて気が短い人は、とかくせっかちだ。それだけに何かと騒がしい。しかも、じっくり考慮して結論を出そうとせず、大まかなことを聞いて、それで結論を出してしまったりする。

結論の出し方も普通の人に比べて速い。決断も速いのだ。そして、それが間違っていると気がつけば、すぐにやり直す。そのプロセスも速い。つまり気が短い人は〝決断力〟があるのだ。五を聞いて一〇を知るタイプでもある。要するに、この人にとっての短所は長所にもなっている。

また、何をやっても飽きっぽいという短所が気にしている人もいる。一つのことが長続きしない、そして自分には忍耐力がないのではないかと悩んでいる。

だが、こんな短所も、ちょっと考え方を変えれば、好奇心が旺盛なので一つのことが続かないともいえる。ならば飽きっぽいの短所だと悲観しないで、好奇心旺盛なのが自分の長所と思えばいい。好奇心旺盛な人はとかく視野が広い。固定観念にとらわれない生き方でもある。それを自分の長所と考え、そこを伸ばしていけば、いつの間にか短所も気にならなくなっていく。

また、何事にも自信のない人がいる。自信がないから意見を積極的にいえない。とかく消極的になりがちだ。

そんな短所を持っている人は万事控えめなのだ。思慮深いことでもあると考え直せばいい。万事控えめは「オレが、オレが」と、とかく出しゃばる人に比べて好感が持たれる。品がいい、とも見られる。その冷静さ、思慮深さを生かしてほしい。何もマイナス思考で、自分はダメだと落ち込むことはない。そんな短所はまた、あなたの長所でもあるからだ。このことも心得ておくべきだ。

自分の短所は自分で十分わかっているつもりでも、これを直すのはなかなか難しいということ。直らない短所なら無理して直そうとしなくてもいい。

ただし、短所と欠陥は違う。他人に迷惑を掛けるのは短所ではない。人間としての欠陥である。そこを間違えないでほしい。したがって、絶対に直す必要がある。たとえば約束を守れない、時間にルーズ、礼節をわきまえないなど、社会生活をしていくうえで障害になるものは、早く修正する必要があることはここで述べるまでもない。
本書では、誰もが持っている様々な短所を取り上げて、その対処法を述べた。短所はひっくり返せば、長所になる。短所逆転法。短所こそ長所なのである。すべての短所はプラス思考で伸ばしていけばいいのである。そうすれば、いつの間にか短所はあなたの自信に変わり、人間的な魅力となっていくのだ。

二〇一六年秋

川北　義則

短所が自分の魅力になる　◎目次◎

第2章　短所なんか見逃せ、欠陥なら叩き潰せ

第3章　短所を生かして、もっと前へ進んで行く

第4章　自分らしさをどう伸ばすか？　世間の常識は気にするな

第1章

短所を受け入れれば自分の魅力になる

●自分だけが短所と思い込んでいる

「美容整形した芸能人を一〇〇％見抜ける」

そう言い切る女性がいる。私が時々顔を出す和食屋の女将だ。

「どんなに手術がうまくいっても、笑った時の目じりでわかるんです。年齢に似合わない、不自然なシワが出てくるんですよ」

ある日、そんな言葉を思い出してテレビを見ていたら「なるほど」と合点した。今までは、ただ「最近、変わったな」くらいで素通りしていた芸能人の顔を、目じりに注目してみると、確かに不自然なシワを見つけられる。本人に確認するわけにはいかないが、女将がいっていることは間違っていないと確信するようになった。目の整形にかぎるという「ただし書き」はつくのだが。

私は美容整形する人を批判するのではない。女性であれ、男性であれ、美しさや若さをいつまでも保ちたいと思う気持ちはわかる。もっと美しくなりたいという気持ちもわかる。その手段として、美容整形手術を選ぶ人がいることをとやかくいうつもりもない。それによって、本人が不満やコンプレックスから解放されるのであれば、結構な話だ。

しかし、である。

「なぜ、この人は美容整形してしまったのだろうか」

テレビを見ていると、そんな思いにかられることがある。なぜなら、私が見たところ、その女性が本来持っていた美しさを整形によって台無しにしてしまうケースが少なくないからだ。それも芸能界にあっても、美しさではトップレベルの女性たちである。傍から見れば、欠点など見当たらないのだが、当の本人にしてみれば「我慢できない部分＝短所」があったのだろう。

そんな本人の思いとは裏腹に、視聴者のリアクションは「ああ、きれいになってよかったね」という単純なものばかりではない。「手術前の方がきれいだった」が多数派のケースもある。

なぜかといえば、手術によって本人は消えたと思っている短所のかわりに、不自然さという短所が同じ手術によって生まれてしまったからである。

「人間の顔の美しさは顔を構成するパーツによって決まるものではなく、全体のバランスや一体感で決まる」

知人のメイクアップアーティストによれば、絶世の美人と称される女性でも、各パーツを個別に見てみると、造形的には必ずしもすべてが整っているわけではないのだという。「片方の目が驚くほど男性的であっても、全体のバランスで見るとその男性的な要素が、女性的な魅力を際立たせていたりするんです」

彼女いわく、まわりの人間を魅了する美しさは、自然に生まれた絶妙の配合によるものだという。そして続ける。

「だから、顔の一部分だけを取り上げて、そこが短所だからと、美容整形すればより美しくなるかといえば、それほど単純な話ではありません」

要は短所だと思って人工的に排除したら、それは単純な短所ではなかったということがありうるのだ。

確かに中高年の女性を見ていても、加齢によって生じるシワやたるみなども、美しさという観点から考えて単純に短所ではないと感じることがある。そうした女性に、若い女性にはない、にじみ出るような熟年女性の色香のようなものを感じる男性も多いはずだ。

「自然のハーモニー＝調和」を欠いて人工的に整備されたものは、自然の美しさがないのである。

これは男女の立場が変わっても同じではないだろうか。

「いやあ、今まで若い女性にしか興味がなかったんですが、手術を受けてから、熟年女性の魅力を感じるようになってきました」

こんな感想を口にしたのは、手術は手術でも、視力矯正手術を受けた知人男性だ。若い頃から極度の近視だった彼は、意を決してレーシック手術を受けた。手術の後は見るものすべてが新鮮で驚いた。その彼が、電車の中や街で見かける熟年女性の魅力に惹《ひ》かれ始めたというのである。

「シワが目について、イヤだね」というのかと思いきや、彼はそのまったく逆の反応なのである。中高年女性の小ジワが魅力的だというのだ。

自分が短所だと感じている要素でも、それだけを取り出して排除しようとすると、予期せぬ結果を招くということ。自然の調和の中でそっとしておいた方がいい場合もあるということだ。人間の顔にかぎらず、短所はその人の長所にもなることも少なくない。長所が目立つのは、短所があるからだということも忘れないでほしい。

例えば、目と目の間が少し離れている女性がいるとする。鼻を高くすれば、それも目立たなくなるのだが、私はそんな女性はそのままでいた方が、個性があって魅力的だと思っている。

●「飽きっぽい」は切り替えの速さなのだ

「オレは一度決めたことは、何があっても曲げない」

　こういう言葉は、私は原則的に眉《まゆ》に唾《つば》をつけて考えることにしている。仕事であれ何であれ、事と次第によっては途中で曲げること、つまり修正することが正しい場合も少なくないからだ。

　例えば、「苦節三〇年」の労作、「構想二〇年」の映画といわれると、「大げさに」と思うと同時に「何で、この程度の著作や映画をつくるのに二〇年も考えていたのか。相当、頭が悪いな」と思うことがある。

　一つの仕事を、長い時間をかけてやり遂げることに異を唱えるつもりはないが、そうした姿勢が一〇〇％いいことであるとはかぎらない。考えようによっては、その作業の途中で芽生えた「これを、今後も続けていいのか」「方向性は正しいのか」という疑問に鈍感だっただけかもしれないではないか。もしそうだとしたら、「長考」は、むしろ長所ではなく短所ということにもなる。

「一度決めたら、もう考えなくてもいい」

　とも思わないが、私は長い時間をかけて何かを一筋にやるという行為そのものに大きな価値があるとは思わない。何事であれ、一番重視しなければならないのは、何を成し遂げて、どんな成果を得たかであるはず。長い時間をかけることに意味があるわけではない。

　その逆は、一つのことを始めてもすぐに目移りして、ほかに関心が向いてしまう、つまり目移りしやすい、飽きっぽいということだが、これを短所ととるか、である。

「高校生の息子が、何をやってもすぐに飽きるので困っています。どうしたらいいでしょうか」

新聞の人生相談欄で、そんな記事を見つけた。記事によれば、その親は、息子が中学生の頃からクラブ活動で長続きしないのを心配しているという。野球部、サイクリング部、剣道部といった運動系にはじまって、今は新聞部に入っていることを考えると、子どもの将来が不安だというのである。

子の親は、子どもが「飽きっぽい」のが大きな短所であると心配しているのだが、私はそんな親の気持ちに疑問を抱く。

・好奇心が旺盛
・物事の一定レベルの理解、習得が速い
・視野を広げる機会が多い
・固定観念に縛られることがない

見方を変えれば、「飽きっぽい」は短所ではなく、長所ではないか。そこを伸ばせばいい。

考えてみれば、私自身、飽きっぽい性格だと思う。生まれつき、そういう資質を持っていたのは間違いないが、長く新聞記者をやっていたということがその資質を増幅させたといっていい。

私が働いていた新聞社は、日刊の夕刊紙を出していた。当たり前のことだが、一部の連載記事を除いて毎日新しい記事を書く。一つのジャンルに詳しいだけではダメ、幅広くである。たとえ精通していなくても、政治、経済からスポーツ、芸能、風俗まで幅広い知識、取材力がなければ務まらない。

それに、その日の記事を書き終えたら、翌日のネタを探さなければならない。取材から記事を書くまでは一定の集中力、粘着力は求められるが、それにとらわれすぎず次のネタを考える心の分散力、淡白力も必要なのだ。うまく書けようが、下手な記事であろうが、いつまでもあれこれ考えているわけにはいかない。飽きっぽいという資質がなければ、なかなか勤まらない仕事なのだ。週刊誌の記者も月刊誌の記者も同様である。それぞれ、サイクルの異なる飽きっぽさが必要になってくる。

これはジャーナリストだけのことではない。

様々な業種をクライアントにする広告代理店や戦闘機からソーセージまで扱う総合商社、その名の通り様々な商品を売る百貨店などで仕事をする場合も、いい意味での飽きっぽさが必要になってくるのではないか。ほかの業種でも、セクションが変われば同じことだろう。それは切り替えの速い頭を持っている証でもあるのだ。

仕事によっては、飽きっぽい性格でなければ「ノロマ」の汚名を着せられることもあると心得ておいた方がいい。

「仕事柄、オレたちは飽きっぽいことを誇りに思わなきゃならないんだよ。それに、毎日毎日、飽きっぽい性格でいられるんだから、それこそ飽きなくていいだろう」

かつて、新聞社の先輩にそういわれたことを思い出す。

●「正解は一つではない」と肝に銘じる

どんなに美人でも、食事の際、何を食べるかなかなか決められない女性にはイライラする。私は基本的にせっかちではあるが、「速く、速く」と催促しているわけではない。それでもとにかくオーダーを決めるのが遅いとイライラしてくる。「何でもいい」といわれるのも面白くないが、長い時間メニューとにらめっこしながら考え込まれると、「字が読めないの？」と聞いてみたくなることもある。

確かにメニューを眺めていると、これもいいな、あれも美味しそうだと思うことはある。だが、胃が二つも三つもあるわけではないのだから、どれかを選ばなくてはならない。よくわからないのであれば、私に聞いてくれてもいいし、側で立って待っているウエイターに聞いてもいいはずだ。

「優柔不断」の「優柔」はぐずぐずしていて煮え切らない、「不断」は決断が鈍いことだが、この四文字熟語がピッタリの人間は結構多い。熟慮することは悪いことではないが、ぐずぐずは褒められたことではない。

しかし、よく観察してみると、こういうタイプの人間は、実際には熟慮しているのではないことに気づく。メニューを見て何を食べようかと真剣に考えているのではなく、ただ漫然と迷っているだけなのだ。あるいは、食べたいものではなく、価格を見ているのかもしれない。だから、相手がイライラしていようが、ウエイターが待っていようが、その姿は目に入ってはいない。

どんな仕事であれ、こういう人間は決定権を委ねられるような立場には不向きだ。仕事によっては即決を求められる時もあるからだ。

私の仕事でいえば、優柔不断人間が編集責任者だと、売れる確率はとても低くなる。ことに本のタイトル、カバーのコピーを決める時に、この短所が如実に表れる。本のタイトルというのは、その本の主張をシャープに表す言葉を、リズミカルにバランスよく配することが求められる。カバーコピーは、タイトルでは言い尽くせないポイントをできるだけコンパクトに、これまたバランスよく配さなければならない。いわばキャッチフレーズだから、読者が読みたくなるような言葉選びも大切だ。
だが、優柔不断型の編集責任者は「あれも、これも」と、言葉を多く詰め込みたがる。結果、カバーデザインのシンプルな美しさ、読者の目を惹きつける効果が台無しになる。新聞広告などでもゴチャゴチャと色々な言葉を詰め込んだものは、かえって個々の言葉の効果が薄れる。最初から読む気、見る気がしないからだ。

料理にたとえるならば、肉のシンプルな美味しさが魅力のメニューなのに、付け合わせの温野菜やソースまで肉と同じようにアピールしようとするようなものだ。悩んだ揚句にできあがるものは、最初のコンセプトとは別物の「ごった煮」なのである。

こういう優柔不断な愚かさは、何も編集の世界だけの話ではない。どんな仕事でも優先すべきポイントを選んで、ほかのポイントとは強弱あるいは大小をつけなければならない。それが決断者の使命なのである。時には思い切って「捨てる」という決断も必要なのだ。

優柔不断型人間はあれやこれやと考え、失敗することを恐れるあまり、選ぶこと、捨てることができないのだ。これでは決断責任者には向かない。こういう人は仕事のメニューは見ない方がいい。大切な決断を迫られないようなルーティンワークにつくべきだろう。

ただし、優柔不断も悪い面ばかりではない。

・協調性がある
・慎重に考える
・多くの選択肢を提示できる

こういう長所もある。そしてこういうタイプに向いた仕事も間違いなくあるのだ。だが、あまりに優柔不断であり、それを短所と自覚していて、直したいと思うなら肝に銘じておいてほしいことがある。

「正解は一つだけではない」

物事の多くはそういうことなのだ。「実存主義とは選択である」という哲学者サルトルの言葉を使うほどたいそうなことではないかもしれないが、正解は一つだけではないと理解したうえで、覚悟を決めて選ばなければならないのだ。

余談だが、冒頭のメニューを前にして悩む女性とは正反対に、寿司屋に連れていくと「ウニ、イクラ、アワビ、大トロ」と迷わずスピーディに高価なネタだけを注文する女性もいる。ごちそうする側にしてみれば、こういう人は、少し優柔不断になってくれた方がいい。

●積極性がいつもいいとはかぎらない

「自分の意見がいえない。何に対しても控えめになってしまう」

こんな悩みを抱える人がいる。私のところにも、そんな自分の短所を直したいのだがどうしたらいいか、という読者からの相談が舞い込む。

しかし、私はこういう控えめな人の中に、こんな長所を見出すことがある。

・冷静である。
・思慮深い
・他人に優しい
・謙虚である
・地味な仕事をきちんとこなす

こういう長所を持つ人が多いのだ。

にも関わらず、自己主張が強くないので、まわりからきちんと評価されず、会社などでは埋もれた存在に甘んじることになってしまう。しかし逆にいえば、自分が上司であれ、部下であれ、こういうタイプの長所を見逃しては損をする。

もちろん、控えめになってしまう原因が本人にないわけではない。そのもっとも大きな原因が「自信のなさ」である。


「『私を必要としてくれる人はどこにもいないのか』と絶望感を味わいました」（『PHP』二〇一五年五月号）

今、個性的な雰囲気と妖艶さで多くの男性ファンに支持されているタレントの壇蜜さんは、デビュー前の自分をそう振り返る。大学時代、就職活動、専門学校入学、ホステス経験など、あらゆるシーンで中途半端だった自分を、彼女は「必要とされない自分」という言葉で語っている。そして、こう続ける。

「当時は、『自己実現』という言葉が流行っていました。自分の夢や目標に向かって努力し、実現させていくことです。現実の自分は、自分は何がしたいのか、自分が何者なのかさえわかりませんでした。こうしてさんざん道に迷った末、ある考えに辿り着きました。それは『自己実現を目指さないこと』でした」

自分に自信が持てなかった彼女の結論だ。

「自己実現を目指さない」というのは、誤解を招きそうだが、これは彼女流の表現だろう。

私なりに解釈すれば、自己実現などというわかりそうでわからない言葉に踊らされるのではなく、自分に与えられた役割を淡々とこなしていくという覚悟を決めた、ということだろう。

昨今の世の中の風潮なのだが、就活という言葉からはじまって、婚活、終活、はたまた涙活などという言葉が流行している。一度マスコミなどに取り上げられると、そうした流行に関心を示さなかったり、鈍感であったりする人は、まるで遅れた人間であるかのように扱われることさえある。自分探しとか自己実現などという言葉もそれに近い。私などは、正直いって、それらがどういう意味なのかも理解できない。

壇蜜さんが悩んだ自己実現という言葉など、単なる脅し文句にしかすぎないと考えた方がいい。また、自己中心、自分本位を正当化する言葉といえなくもない。

そして壇蜜さんは「自分をいかに前面に出すか」が問われる芸能界にあって、自分なりのスタンスを見つけた。

「私は自己表現や自己主張ではなく、あくまで『人の喜び』のために自分を提供したいと思います」

彼女はこう結論づけた。その流儀が、芸能界で評価されたのである。映画やグラビアなどで演じる姿は大胆だが、バラエティ番組などでは慎重に言葉を選び、謙虚で誠実であり、人を傷つけない。控えめでありながら、なかなか的を射ていることが多く、説得力もある。それは、彼女が地道に築いてきた、正しい意味での自信の表れのようにも私には見える。

まわりの大きな声に圧倒されて、うまく自己主張ができないとしても、そのことが決定的な短所であるとはかぎらない。そう心得た方がいい。先に挙げたように、それは控えめな人の長所でもあるのだ。

もちろん、何にでもただ無節操に従うだけの控えめさは褒められたものではない。ここぞという時には、やはり主張しなければならないこともある。しかし、いたずらに大声で自己主張せず、自分の言動に抑制を効かせた生き方は上等だと私は思う。

「控えめであるためには、その前に何かに立ち向かうことが必要です」

社会貢献にも積極的だった女優のオードリー・ヘップバーンの言葉だが、内に強さを秘めた控えめさは長所にほかならない。控えめであることに悩むより、そうした生き方の中で、自信という強さを身につければいいのだ。

●「瞬間湯沸かし器」でいい。「まあまあ」はよくない

若い人は「瞬間湯沸かし器」などといわれても、「?」だろう。昔、ガスで一瞬にしてお湯が出てくる器械が売り出されて、大ヒット商品になった。そこから、すぐにカッと熱くなる人をそう呼び始めた。

仕事でもプライベートでもすぐにカッとなる、「瞬間湯沸かし器」のような人は、物事を冷静に考えるゆとりがないので、すぐに反応してしまうのだ。

かくいう私もその傾向がないとはいえない。自分に対しても、他人に対してもすぐカッとなることがある。自分のあまりの不甲斐なさに対する怒りはもちろんだが、初歩的なルールに背くような他人の言動に対して怒りを爆発させることがしばしばある。とはいっても、何でもかんでもカッとなって当たり散らしているわけではない。

私は他人の「無礼」が許せない。言葉遣いがなっていない、マナーを身につけていない、約束を違《たが》えるといった、一人の人間としての礼儀がなっていない「無礼」である。

また、仕事に真面目に取り組んでいないことが露骨にわかる人間に対しては、有無をいわせずに怒る。

前者は特に説明を要しないだろう。後者に関していえば、仕事ができるか、できな

いかではなく、仕事を「ナメる」人間がとにかく私は許せないのだ。

こういう人間には、「瞬間湯沸かし器」でいいと思っている。諭《さと》すよりも、まずは怒りを感じ取ってもらうしかないのだ。

暴力は論外だが、「躾《しつけ》」としての怒りは時に必要だ。それを「パワハラ」「モラハラ」というなら、それで結構だ。私のもとを去っていっても構わない。こちらとしても怒りを抑えてまで付き合うほどヒマでもないし、お人好しでもない。何よりも「まあまあ」「なあなあ」は、精神衛生上よくない。

時代が違うから今それが正しいとは思わないが、私が若い頃の職場は、今でいうパワハラ、モラハラが満載だった。殴りはしないものの、ミスをすると椅子を蹴飛ばす上司や先輩がいたし、机を叩きながら「いくら給料払っていると思っているんだ。もう明日から来なくていい」などと新人にどなる先輩社員もいた。それも前触れなしにだ。瞬間湯沸かし器が各部署に一台か二台はあったといっていい。

だが、一つだけいえることは、そうした「カッとなって出た言葉」のほとんどが憎しみや軽蔑から出たものではなく、仕事に対する熱意がいわせたものだった。その言葉の過激さは、今ではパワハラとやらで許されるものではないだろうが……。

異論もあるだろうが、すぐに「カッとなる」こと自体、私は一〇〇%悪いことだとは思わない。

・自分自身の不甲斐なさにカッとなる　↓　自己向上を促す
・他人に対してカッとなる　↓　とうてい許せないことを示す

こういう長所もあるからだ。

怒りは、物事をいい方向に転換する原動力でもあると私は思っている。

また、現状への不満を表現しているのだろう。それが急激に現れれば「カッとなる」であり、冷静に論理的に現れれば「批判」「反論」なのだ。そして、カッとなることで現状をよりスピーディに改善するためのパワーが生まれることもある。改善が急を要する場合、過ちが致命的である場合など、悠長に構えていては取り返しがつかなくなることもあるからだ。現状のもやもやした雑念を取り払って冷静さを取り戻し、「次のステップへのパフォーマンス」にできるなら大いに結構なことではないかと思う。

ただし、いかに動機が前向きのものであったとしても、他人に不快感を与える場合もあることを忘れてはならない。仕事の場では、禍根《かこん》を残さないようにフォローすること、私怨《しえん》ではないことを示さなければならないだろう。ただわけもなくやたらとカッとなる人間は、ただの癇癪《かんしゃく》持ちにすぎない。まわりの人は離れていくだけだ。カッとなっても、一割くらいは冷静な自分を残しておく努力はすべきだ。

「敵のために火を吹く怒りも、加熱しすぎては自分が火傷する」（シェイクスピア）
とにかく、瞬間湯沸かし器は、緊張感を醸し出すためのパフォーマンスとして有効な場合もある。心の中で不満を溜めこめば、内部爆発を起こしてしまう。あくまで「ガス抜き」であることが自分でわかっていれば、カッとなることも悪くはない。

●「マイペース」は「せっかち」を助ける

私は自他ともに認めるせっかち人間である。仕事に追われて余裕がない時や、次の約束の時間が迫っている時など、悪いとは承知しつつも、人の話をよく聞かないことがある。だがそんな時でも、私の余裕のなさを知ってか知らずかわからないが、話しぶりも行動もゆったりとしたマイペースの人がいる。

「この人の一日二四時間ではなく、三〇時間なのではないか」

そう感じてしまうほどである。

・鈍い
・のんびり
・おっとり

・ゆっくり
・慎重

私は大阪生まれで、幼い頃から成人するまで東京の下町で育った人間だから、どうもこれらの形容詞とは無縁だ。だが、私は自分に欠けているこういう資質の持ち主を大切に思っていて、仕事の場面では、しばしば助けられることもある。私の妻もこのタイプだ。

自分と違うから遠ざけるのではなく、自分と違うから近くにいてもらいたい。そうすることで、自分の短所を補ってもらうのだ。せっかちという自分の短所は変えられないが、補助してくれる人と足して二で割れば、ちょうどいいくらいに考えている。もちろん、こういう人の相手をしていると時折イライラすることもあるのだが。

せっかち人間の短所は、時に視野狭窄《きょうさく》に陥ってしまうこと。その時、その場の最大関心事にばかり頭が動いてしまって、決定的な物忘れをしてしまうことがしばしばあるのだ。大昔、取材で海外に行かなければならない時にも、大きな忘れ物をしてしまったことがある。確か二度目の海外取材の時だ。

「パスポートを忘れると大変なことになる」

パスポートは確かに胸のポケットにしまったと確認した。だが、空港で開いてみると私の顔写真ではない。それは妻のパスポートだった。早めに羽田空港に到着していたことと、妻が気づいて届けてくれたことで事なきを得たが、もし自宅から遠い成田空港であったら、私は会社で大目玉を食らうところだったろう。

そんな私だから、これまで仕事のアシスタントとして私のオフィスで働いてもらった女性も、すべてマイペースタイプだ。私自身のせっかちを直そうとはあまり思わないので、自分の短所のせいで仕事にミスが生じないようにと考えてのことだ。

・鈍い　↓　神経質すぎない
・のんびり　↓　楽天的
・おっとり　↓　めったに怒らない
・ゆっくり　↓　仕事が丁寧
・慎重　↓　観察力が鋭い

私が時にイライラしてしまうマイペースな人の短所も、裏を返せば立派な長所である。
以前、時間に遅れそうになって、あわててオフィスを出ようとした時のこと。

「あの……窓が……開いてます」

アシスタントが遠慮気味に声をかけた。「こんな時に窓が何だ」と一瞬思ったが、下腹部を見てすぐに気づいた。「社会の窓」が開いていたのだ。彼女の観察力のおかげで恥をかかずにすんだ次第である。

●「根気のなさ」もまた新発見を生む

「まだ、終っていないの⁉」

暮れの大掃除の際、家の書斎で溜まってしまった本の整理をしていると、様子を見に来た妻にそう言われた。

誰にでも経験があると思うが、本や写真の整理をしていると、つい懐かしくなって手に取った写真に見入ってしまったり、買ってはみたものの読むことのなかった本を開いて読み始めてしまったりすることがある。特に本の場合は、新しい発見をして、それに引き込まれてしまうと、やめられなくなってしまう。その時は何のために自分が書斎にいるのかをすっかり忘れてしまっている。

そこで冒頭の呆れた妻の言葉が飛んでくる。

生業《なりわい》にしている著述業、編集業に関わる作業なら、私自身、結構集中力はある方だと思う。だが、片づけ、掃除、探し物、事務的な書類の整理といった作業になると、長時間は続かない。いつの間にか、やめる理由を探し始めてしまう。「出かけなくちゃ」「電話しなくちゃ」「小腹がすいた」など、いくらでもやめる理由は見つかる。

確かに仕事に直接関係のない作業については、根気がないと自分でも思う。だが、どうしても直さなければならない短所だとは思っていない。直さなくていいと思う。

暮れの本整理を例にとれば、何気なく手に取った本から思わぬ企画のヒントが生まれたことが何度もあるからだ。「さあ、企画を考えよう」「この本は読まなくては」と考えて本を読み始めることもあるのだが、そういうきっかけで臨んだ読書よりも、目的もないままに本を読み始めた時の方が、いいプラン、いい言葉、いい文章表現が芽生えることが私は多い。

実際、二〇年以上前になるが、暮れの本整理の際に手に取った本に触発され、新しい本の企画が生まれたことがある。その時は、妻の怒りを無視して事務所に出かけ、企画書を書き上げ、すぐに懇意にしていた編集者に連絡を入れた。「大晦日に何事ですか」と呆れてはいたが、そこは相手もプロの編集者。興味を示してくれて、年明け早々、本づくりに着手した。期待通り、その本はヒットした。

これは、退屈な作業に関しては根気がない、という私の特性から生まれた成果ともいえる。妻は「ケガの功名」と冷たく結論づけたが、きれいな書斎には代えられない結果だった。

自分の好きではないことへの集中力はないが、そういう作業の中で突然、まったく無縁なことに意識が飛んで、有意義なひらめきを得ることがあるのだ。したがって私は、メモを家のあらゆる場所に置いている。寝室やトイレはもちろん、バスルームにもだ。

「科学の進歩は夜生まれる。ナイトサイエンスだ」

これは世界的科学者である村上和雄氏の言葉だ。「夜」とはなかなか意味深だ。寝ている時ともとれるし、別の営みのシチュエーションともとれる。科学の世界でも、机に向って一心不乱に集中している時に、新しい発見や発明が生まれるとはかぎらないということなのだ。

ニュートンは庭での散歩中、リンゴが落ちるのを見て万有引力を、アルキメデスは入浴中に浮力の原理を発見したといわれている。彼らに根気があったかなかったかは定かではないが、無駄に長時間同じことをやるよりは、すっぱりとやめて、意識をワープさせることで予期せぬ発見もあるのだと思う。

「根気がない」は、集中力がない、忍耐力がない、三日坊主などという短所にも通じはするが、切り替えが速い、無駄なことへの見切りが速い、新しいことへの順応が速いという長所にも通じる。

「根気がない＝目移り上手」という見方も成立するのではないか。長所ではないか。

●とっつきにくい人も長所あり

「何を考えているかわからない」

ひと目会った時に、そんな印象を与える人がいる。目に鋭い光がなく、どんな話をしても表情一つ変えない。

普通の人はちょっとした冗談をいえば、たとえそれが「スベッた」ものであっても、愛想笑いくらいはしてくれる。しかしその一方で、眉一つ動かさない人がいる。苦笑いくらいはしてくれてもよさそうなものだが、それもない。

私自身、基本的に人に会うのは大好きだから、機会があればどんどん初対面の人に会うようにしているが、こういう能面のような表情の人はちょっと苦手だ。

先日、ある会社の社長に紹介されて会った人が、まさにそんな人だった。

「とっつきにくい人だな」

そう思った私の気持ちを読み取ってか、社長はいう。

「無愛想ですが、わが社にはなくてはならない人間なんです」

社長に褒められてもその人の表情は変わらない。この社長は通信販売の会社を経営しているのだが、なんと、この笑わぬ人物はクレーム処理の担当者だという。それも通常のクレーマーではなく、「モンスタークレーマー」と呼ばれる相手専門。金銭目当てなど、尋常ではないクレーマーを撃退する業務なのだそうだ。なかにはその筋の人もいるという。

「いや、それは大変ですね」

社長の説明を聞いた私がその笑わぬクレーム担当者に話しかけると、さすがの彼もいくらか柔らかい顔になった。だが、まだまだ表情は硬い。

「もともと、あまり笑わないし、表情を変えないんです」

と、社長がつけ加える。彼は長く警備会社に勤め、縁あってこの会社で働き始めたという。

「ニヤけた人間は嫌いですが、感情を表にうまく出せない自分にコンプレックスを持っていました。それが役に立つとはうれしいかぎりです」

彼はわずかな笑みを浮かべながら、静かな口調で話してくれたが、すぐにもとの表情に戻る。それを受けて、社長が説明してくれた。

「私も面接した時は、あまりにとっつきにくいので採用をためらいました」

だが、「待てよ」とひらめいて、今の部署には最適と採用したのだという。

・とっつきにくいけど、余計なことはいわない
・タフなクレーマーにも臆さない
・相手を怖がらせることはあるが、自分は怖がらない
・会社の利益を守ることには頑固

モンスタークレーマーに悩んでいた社長にとって、彼はうってつけの人材だったわけである。

「短所ばかり見ていたら、うちのような小さな会社は誰も採用できないし、居つかない。その特徴をどう生かせるかが、中小企業のオヤジの腕の見せどころです」

先日、何気なくテレビを見ていたら、アメリカの軍隊が行っている興味深い訓練風景を紹介していた。一〇人くらいの兵士が直立不動で整列している。それこそ無表情で、顔の筋肉をピクリとも動かさない。すると上官と思しき男性が、ある兵士の後ろに歩み寄り、おかしな顔をした小動物のぬいぐるみをそっと差し出し、兵士の顔の前に持ってくるのだ。

すると、ほとんどの兵士の表情が崩れ始める。こらえようと必死だが、何人かは耐え切れずに吹き出してしまう。それでも二、三人の兵士は表情一つ変えずに前方を見据えたままである。実はこの訓練では、何があっても表情を変えなかった兵士だけが合格なのである。

なぜかといえば、この兵士たちは、大統領をはじめとする重要人物の警護に加え、戦地で命を落とした兵士たちの葬儀の際、数人で棺を肩に担ぎ、静かに足並みをそろえながら埋葬される場所へ運ぶという重要な役割も担う。つまり、どんなことがあっても笑ってはいけないのだ。ニヤけた人間には絶対に務まらない仕事である。

世の中には、愛想笑いができないとか、表情が乏しいことに悩んでいる人も多いと思うが、職種によってはそれが見事に生きる場合もある。仕事にかぎらず、笑わないことがかえって他人に好感を与えることもあるのだ。自分では穏やかさをアピールしているつもりの微笑でも、人によっては「ニヤニヤ」と感じられることもある。

笑う門に、いつも福が来るとはかぎらない。

●どんな仕事にも「適材適所」がある

言い古された言葉だが、仕事を円滑に進める人はこのことがよくわかっている。仕事の場では、協力者やパートナーの長所を上手に利用すればいい。これがわかっている人間は、相性がよくないとか好きだとか嫌いだとか、役にも立たない感情を仕事の場には持ち込まない。私自身もこれまでその流儀を貫いてきた。

「適材適所」

「一週間以内に離婚経験のある男性を五人集めてくれ」

以前、ある雑誌記者にそんなリクエストをした。雑誌記者といっても編集者から依頼されたテーマを取材した後、その内容をデータ原稿にまとめることが彼の仕事だ。いわゆる「データマン」である。

データ原稿とは、そのまま雑誌に掲載される原稿ではなく、被取材者の生の声を忠実にまとめた原稿のこと。字数の制限はない。

雑誌の場合、そのデータ原稿をもとに編集者が記事の方向性やタイトルを決め、誌面のレイアウトをデザイナーに依頼する。レイアウト通りの字数で完成原稿を書き上げるのは「アンカーマン」と呼ばれる、また別の人間である。読者にアピールするような原稿を書くスペシャリストだ。

自分一人で取材から完成原稿執筆までやってしまう人もいるが、実際のところ、有名ルポライターの多くでさえ、「データマン」に協力を仰いでいる。

私が人探しを頼んだ男は、まさにこのデータマンを生業《なりわい》にしている。とにかく幅広いネットワークを持つ男で、どんな無理難題でも「ノー」ということがほとんどない。取材はうまいのだが、完成原稿を書くのは苦手だ。その点については彼も割り切っていて、取材専門のデータマンとして重宝されており、複数の雑誌やスポーツ新聞で仕事をしている。

人探しの依頼から一週間後、喫茶店で彼と会った。

「すみません、四人しか見つかりませんでした」

四人でもいいだろう。その言葉を聞いて、やはり一週間という期限に無理があったと感じた。私がそのことを詫びようとした時、彼がそれを遮るようにこういった。

「あとの一人は私です」

絶句している私の表情を見ながら、彼はいたずらが見つかった少年のように舌を出しながら頭をかいていた。仕事を頼んだこちらにとっては満額回答である。後日、彼を含めた五人の男性に直接取材をさせてもらって、納得のいく原稿を書くことができた。彼のネットワークの広さには脱帽である。マスコミで働く人間としての彼を私は高く評価するし、私にとっては「できる人間」なのである。

そんな彼なのだが、業界では冷ややかな目で見ている人間もいなくはない。なぜかといえば、彼が完成原稿を書く資質に欠けているからである。人によっては、時に失礼な態度をとることもある。「データマンはアンカーマンより一段下」という間違った価値観を持っているのだ。

特に週刊誌やスポーツ紙のニュース記事は、かぎられた時間内でまとめなければならない。そうなると、情報のネットワークを持っていて取材のできる何人かのデータマンと、取材は不得手でも完成原稿を書く能力に長けているアンカーマン、この両方のチームワークがいいといい記事になる。

だから、本当に仕事のできる編集者は、データマンにはじめからそのまま掲載できるような原稿は求めないし、アンカーマンに取材力は求めない。人それぞれの長所と短所を把握して、個々の長所を最大限に生かす方法を知っているのである。同時に、短所への目のつむり方も心得ている。

「適材適所」を無視した「ないものねだり」は、仕事の邪魔になるだけである。

その人にどんな仕事が向くか、自分ではわからないときもあるから、第三者にアドバイスを求めるのもいい。

●「神経質」は「無神経」よりはるかにいい

ある占い師は相談に来る客の人相をチラリと見ながら、そう語りかけることが少なくないという。

「あなた、神経質でしょう」

「えっ、どうしてわかるんですか」

客は驚きの表情を見せるが、その後、うれしそうに小さな笑みをこぼすという。いわれてみれば納得できる。「あなた、鈍感でしょう」といわれて「はい、鈍いんです」と喜ぶ人間はまずいない。多かれ少なかれ、ほとんどの人間は自分は神経質タイプ、つまり神経が細やかだとプラス思考で納得するのだ。

とはいうものの、仕事であれプライベートであれ、あまりにも神経質な人と長く接していると疲れる。人によっては、こちらがちょっと反論したり、小さなミスを指摘しただけで、沈んだ表情をしていたりすることがある。

「私の言葉で傷ついたのかな」と思ったりもするが、自分に落ち度がなければ、私は理由を尋ねたりはしない。神経が細やかなのは勝手だが、仕事のシーンでは、いちいちそんな相手のお付き合いはしていられない。

人間は誰でも細やかな神経を持っているものだ。だが、多くの人は人間関係、社会生活の中で自分の生の神経を見せない術を身につける。たとえば、知らない大人に話しかけられただけで泣き出すような子どもでも、長じて打たれ強い人間になって、飛び込み営業のトップセールスマンになったりするのだ。

私にいわせれば、神経質であることを容易に他人に見せるようなタイプは何事に対しても、自分の考え方や感性を優先したいのだろう。しかし、それが叶わないからといって、その不満や不快感を露わにするのは大人げない。そんな人に、私はこういいたい。

「自分の生の感情を、一度頭の中で『チン』してみなさい。他人の些細な言動に対して、時に無関心になりなさい」

そして、それを身につけるにはコツがある。

「なるほどね」

「そうですね」

もし神経質を改めたいと思うなら、この二つの言葉を口グセにすることだ。そして不快感や不満な表情を表に出さないことを肝に銘じる。実際、この言葉を口にすると、不思議なことに自分の表情も緩むし、とげとげしさも消える。その後に自分の感じたこと、考えたことを口にしてみるといい。

「なるほどね」「そうですね」は本来相手の意見を肯定する言葉だが、そんなことは気にしなくていい。それを口にした後で、まったく反対のことをいってもいいのだ。これだけで、コミュニケーションが円滑になる。

要は、神経質であろうがなかろうが、相手を不快にさせたり、余計な気を遣わせるのはよくないということなのだ。

このような工夫をすれば、神経質な人が持つ、次のような利点も生かせる。

・想像力がある
・仕事が丁寧
・危険察知能力がある
・真面目

立派な長所ではないか。他人に露骨に見せない工夫さえすれば、自分で短所だと思うところも、このように長所になってしまうのだ。最後に、神経質な人にこんな言葉を贈ろう。

「私たちの知っている偉大なものは、すべて神経質な人がつくったものです」

フランスの作家マルセル・プルーストの傑作『失われたときを求めて』の一節だ。

●口が悪く辛辣《しんらつ》な批判は鋭い直感力の証拠

「すぐに感情を表に出すから、腫れものに触るようですよ」

ある男が自分の妻への不満を口にしていた。

妻は何事に関しても好き嫌いをすぐに口にするという。「好き」というなら、まだ黙って聞いていられるが、「嫌い」だと彼も閉口してしまうほどしつこい。

テレビドラマを見ている時は出演者の演技に対して、街を歩いている時は通りかかった女性のファッションからその連れの男性の態度まで、まるで親の仇にでも会ったかのように辛辣な論評をするのだという。それも、こちらが感想を求めているわけでもないのにである。

「いわれてみれば、確かに」と合点がいくことも多いらしいが、品評会ではあるまいし、絶えずそれを聞かされる彼としては辛いだろう。

だが最近、彼はその妻の感性に助けられた。

あるベンチャー企業で働いている彼が、競合他社からヘッドハンティングされそうになった時だ。業績、規模ともに現在の会社よりは上。提示された雇用条件もいい。社長は時代の寵児として、テレビや雑誌などで取り上げられている。彼の心は大きく動いた。転職の覚悟を決めて、妻に伝えた。だが、妻は大反対である。

「あの社長の顔をよく見た？　品がないと思うわ。成功すれば男ってそれなりにいい顔をしているものだけど、あの男はダメよ。嘘つきの顔をしているし……。絶対やめた方がいい」

有利な条件に心が動いたが、そこまで妻に反対されての転職となれば、失敗した時に何をいわれるかわからない。彼は今の会社に残るという道を選んだ。この選択が正しかった。半年ほどして、その社長はその座を追われた。

真相は藪の中だったが、外部の会社に対する不透明な支払い、会社規模とはかけ離れた社長交際費などを出資者に問われての引責辞任とのうわさが、まことしやかに流れたという。

「顔に品がない」とは、いわれた本人には気の毒な気もするが、私はこういう感性は嫌いではない。

女の勘、いや人間としての勘なのだろう。私の経験からいっても、一見してそういう印象を受ける人はいる。造形的に顔が整っているかいないかの問題ではない。目つき、目の動き、表情など、顔全体から醸し出される雰囲気に品性が感じられないのだ。

出自、学歴、地位も関係ない。「品がない」という言葉でしか表現できないのである。一度そういう印象を持ってしまうと、その人の一挙手一投足に品のなさを感じてしまうのである。

暴論かもしれないが、これればかりはしょうがない。「男の顔は履歴書」「四〇過ぎたら自分の顔に責任を持て」など、顔にまつわる格言は多いが、人間の品性は間違いなく顔に出ると思っている。

とにかく、この男性の転職問題に関しては、「顔に品がない」という妻の感性が役に立ったわけだ。

「勘としかいいようのないものに突き動かされて研究していくと、新しい発見に出会うことがある」

科学者である筑波大学名誉教授の村上和雄氏はいう。私が『生命の暗号』などの著書の出版のお手伝いをさせていただいた方だ。

自分の感情をすぐ口にすることは、決して褒められたことだとは思わない。だが、第六感としかいいようがない独特の感性が、分析とか理論を越えて正しい場合も往々にしてある。そのことを私たちは経験的に知っている。

冷静さに欠ける、すぐにムキになるなどというマイナス面は否定しないが、感情をストレートに出す人には、自分の感性に正直で、直感力に優れているというプラスの面がある。

節度は大切だが、時には自分の感性を野放しにしてみるのも悪くない。

●「朝令暮改」で好転することがある

「あいつの言動には一貫性がない」

こんな言葉で評されたとしたら、当の本人は、あまりいい気分はしないかもしれない。確かに、何も考えずに思いつきだけでポンポン意見を変えるようなタイプは問題だが、臨機応変に言動を変えること自体は、一概《いちがい》に悪いとはいえない。

だが、人によっては、変えたことだけを問題にして、どう変えたかという点について、まったく目を向けないこともある。

たとえば、かつて原発推進派だった政治家が、東日本大震災を機に原発反対派に転じたりした場合、その変更内容や意図を吟味することなく、ただ考えを変えたことだけをとらえて攻撃する人がいる。小泉純一郎元首相への批判勢力の中には、そうした論点から攻撃を仕掛けた人もいる。

原発の是非については、私自身、原発を撤廃して、はたして日本の電力はもつのかと心配ではある。だからといって、小泉元首相が考えを変えたこと自体を批判するつもりはない。事故検証、事後処理、今後の安全対策などについて不熱心で、ただ、「原発ありき」で再稼働に動く電力会社の姿勢は問題だが、これは一朝一夕に決められるものではないと思う。

原発の議論はさておき、仕事においても、当初の方針が変わることはよくある。問題なのは、自分が考えを変えたということをきちんと自覚しているかどうか、変えたことで物事がベターな方向に転じるかどうか、また変えたことによって生じる混乱にどう責任を取るかである。それらさえ明確なら、考え方を変えること自体は大いに結構なことだと思う。

・思考が柔軟である
・自分の価値観を絶対視しない
・他人の考えを理解する姿勢を持っている
・新しいものへの好奇心がある

「一貫していない」といわれる人間は、このような長所も持っているのだ。

私は若い頃、夕刊紙の記者をしていた。締め切り時間という決定的な制約の中、次々と入ってくる新しい情報を即座にさばき、読者に喜ばれる記事を書かなくてはならない。もちろん、新しい情報ばかりでなく、長い時間をかけて取材した題材、温めてきた題材なども含めて取捨選択しなければならない。どの記事を優先するかの判断基準は、刻一刻と変わってゆく。

そういう状況のもとでは、これと思い定めてしまうよりも、ニュートラルなスタンスが求められる。それまで自分がベストだと思っていた選択であっても、想定しなかった新しい素材、要素が飛び込んできたら、それまでの判断はいったん白紙に戻して臨まなければならないのだ。

動脈硬化を生じたような一貫性など、何の役にも立たない。自分の思い込みよりも読者が何を望んでいるのか、何を面白がってくれるのかを第一に考えなければならないからだ。

「過ちを改めるに如《し》くはなし」

このことわざのように、一貫していないことより、過ちを正す方が大事な時がある。

ある外科医から聞いた話である。

外科手術において、完璧に患者の病状や各種の数値などを検査したうえで臨んだとしても、手術中に想定しなかった事態が発生することがある。優秀な外科医は、想定外の事態が起こると、自分があらかじめ立てた手術のプログラムや仮説を速やかに変更し、目の前の状況にもっともふさわしい処置を施すという。

ところが、ダメな外科医は事前に立てたプログラムにこだわってしまい、今目の前で起きている状況に対して適切な処置を施すのが遅れるという。時には、それが患者の命を脅かすこともあるそうだ。

こうした状況は、職種を問わずに頻繁に起こりうること。何事も一筆書きのようにすんなりいくとはかぎらない。何を一番優先しなければならないかがわかっていれば、それに応じて考え方や行動を変える方がいい結果を生むケースはしばしばある。

①「手術は予定通り終わりましたが、患者は亡くなりました」
②「急遽、手術方法は変えましたが、患者は元気です」

あなたは、どちらを選ぶだろうか。

人間の言動は一貫していることに意味があるのではなく、よりよい方法、つまりベターを選ぶことにこそ意味があるのだ。事態を見て、考えて、悩んで、変えるから、人間は進歩する。朝令暮改が悪いとはかぎらない。

●プライドが高くていいではないか

「聞き耳を立てていたわけじゃないんですが、部下の陰口を聞いてしまったんですよ。ハハハ」

ある出版社の編集長がいう。私は彼を仕事のできる男だと常々思っている、その二日前に叱った部下が、同僚にそのことをこぼしているのを聞いてしまったとか。

「私のことを『とっつきにくいし、プライドばかり高くてさ』なんていっていましたよ。仕事の進め方を変えるように指摘しただけなんですがね」

だからといって、本人はショックを受けている様子ではない。

確かに世の中には、仕事もできないのにやたらと学歴とか地位を鼻にかけて、周囲にただただ高圧的に振る舞う人間がいる。「あの人、プライドが高いからね」などとまわりは揶揄《やゆ》するが、これは本当プライドの高さの表れではない。もちろん、その編集長もそんな男ではない。

ブッダは「見栄とプライドをはき違えるな」と教えているが、見栄っ張りと高いプライドを持つこととはまったく違うのだ。プライドが高いとは、自分の生き方や信念に忠実で、それを侵されそうになった時、毅然《きぜん》とした態度がとれることをいう。悪いことでも何でもない。

この編集長は見栄っ張りではないし、正しい仕事の進め方を説いただけである。そういう意味では、プライドの高い男である。自分の生き方の尺度に忠実なだけだ。

「『これからも応援よろしくお願いします』……とは僕は絶対にいいません」

数々のメジャー記録を樹立して、四二歳にして現役メジャーリーガーのイチロー選手は、かつてマイアミ・マーリンズの入団記者会見でそんな言葉を口にした。私は拍手喝采を送りたくなった。私は「応援よろしくお願いします」という言葉を聞くと、イヤな気分になる。若いプロアスリートの口からたびたび出てくる言葉だが、オウムじゃあるまいし、ほかの言葉を知らないのかといいたくなる。

イチロー選手もこの言葉にはひどく抵抗感があるようだ。この言葉を口にした後、ワンテンポ置いてから、「とは絶対にいいません」と強調している。言葉は悪いが「バカの一つ覚え」のようなフレーズは使いたくない、という強い意志が感じられた。

「応援していただけるようなプレーヤーでいたいと思っています」

彼は言葉を慎重に選ぶようにそう結んだ。「ほかの選手とは違うよ」というプライドの表れにも聞こえた。いかにもイチロー選手らしいものいい方である。日本、そしてアメリカのプロ野球シーンで数々の大記録を刻んでいるイチロー選手だが、私は彼のファンである。あの強烈な個性が好きだ。プレーヤーとしてもすごいと思うが、折に触れて彼が発する言葉に魅力を感じる。まるで「お友達」のようにマスコミの人間に相対し、実のない話をする選手が多いなか、彼にはそうしたことがない。不勉強なインタビュアーの質問、何を聞きたいのかわからないような質問には、ポイントを問い直すこともしばしばだ。プロのアスリートとして、いいかげんな言葉を残したくないというプライドがそうさせているのだと思う。

確かにイチロー選手は言葉の選び方が厳格なだけに、マスコミへの対応ぶりを見ていると、インタビュアーはやりにくそうに感じることもある。だが、それはイチロー選手の問題なのではなく、インタビューする側の問題なのだ。聞きたいこと、引き出したいことを事前にきちんと準備していないから、引くような物腰、言葉遣いになってしまうのだ。

そうなると、見る人はイチロー選手が「とっつきにくい、プライドが高い」という印象を抱いてしまいがちだが、それは誤解である。その証拠に、きちんとしたインタビュアーや先輩に対しては、実に誠実に対応する。

私自身にも似たような経験がある。新聞記者時代を含め、一流の作家や文化人にインタビューする際、きちんと著作を読み、相手の人となり、それまでの軌跡を事前に調べてその席に臨めば、ほとんどの人たちは誠実に応じてくれるし、こちらも気後れすることはなかった。

もし、誠実に信念を持って毅然としていることに対して「プライドが高い」とまわりから揶揄されるようなことがあったとしても、それは賛辞あるいは、そうすることができない人間の遠吠えだと思えばいい。

そのことによって、まわりから孤立することがあったとしても、それを受け入れればいいのだ。本当のプライドがわからない人間と徒党を組む必要などない。

「僕は得点を比較するのはフェアではないと思っています。なぜなら、あの方は八六八得点を自分のホームランで記録しているわけですから、あの方の記録は自分の記録よりもずっと偉大なわけです」

二〇一五年四月二五日、ナショナルズ戦、イチロー選手は日米通算一九六八得点を記録した。王貞治氏の記録に触れて、彼が残した言葉だ。

こういう謙虚さを備えたプライドの高さは、素晴らしい。

第2章

短所なんか見逃せ、欠陥なら叩き潰せ

●短所と欠陥は似て非なるもの

「少しの欠点も見せない人間は、バカか偽善者だ。そのような人間を決して信じるな」

フランスの哲学者ジョセフ・ジュベールの言葉である。だが、私にいわせれば、これは半分真実はあるが、半分は違うのではないかと思う。

「短所に対しては、あまり神経質になるな」

というのが、この本の主旨だが、一つだけはっきりとさせておきたいことがある。それは、自分で自覚しているマイナスポイントをすべて無視してもいいわけではない、ということだ。

人間のマイナスポイントというのは、実は二通りある。

「自分を苦しめるもの」と「他人を巻き込んでしまうもの」だ。

一見、どちらも同じように、自身にとっては短所と思われるものであるが、この二つには明確な違いがある。

たとえば、ある短所について、それを本人が悩んでいるのなら、これは軽視しても構わない。短所というのは、誰もが持っている。外人様《よそさま》に迷惑を掛けるようなことさえしなければ、多少なりとも短所や欠点があったとしても、まわりは受け入れてくれる。気にすることはないのだ。もっと前向きに物事を考え、自分の長所を伸ばしてポジティブに生きていく方がいい。

問題なのは他人を巻き込んでしまうものである。

たとえば「秘密を守れない」という短所のせいで、他人に迷惑を掛けてしまうというのは、これはもう短所ではない。「欠陥」である。この欠陥は、おしゃべりをしすぎないと肝に銘じて、少しずつ直していくしかないだろう。

短所というのは、何かが不十分で足りない状態ではあるが、別の何かを用いることによって補完できるものでもある。たとえていうなら、暗算が苦手なら電卓、悪筆ならパソコンと、いくらでも代用できるものがある。本書の主旨もそこにある。

たとえば、事務処理能力は劣るが営業力が際立っている人や、人付き合いが苦手だけれど人が敬遠するような地道な業務をこなせるなど、こういうケースなら短所を補って余りある人材となりうる。

だが、欠陥は違う。欠陥というのは、人間として、社会人として必要なものが欠けているケースだ。

・秘密を守れない
・嘘を平気でつく

・マナーが身についていない
・時間が守れない

こういうのは短所ではない。欠陥である。会社や社会のルールに鈍感なのは、欠陥にほかならない。いずれも小学生レベルの事柄なのだが、案外、これができていない人間は多い。決定的なマイナスだ。事の大小はあるが、時として他人の人生を巻き込んでしまうこともある。

これは、決してほかの能力で埋め合わせたり、補ったりはできない。そんな事態にならないように、徹底的に反省して直す必要がある。

そしてこの欠陥は、まわりの人との関係にも影響する。短所を自覚していて、同時にそれを補完する努力をしている人には、周囲は寛容に対応してくれるが、自分に害が及ぶような他人の短所は、どんなに小さなことも見逃してはくれない。

もちろん、付き合いの長い仲間なら、大目に見てくれることがあるかもしれない。だが、それはあくまでも身内という前提があって許されること。長い付き合いの中で親しみを持ち、いくつかの長所を見つけた間柄だからこそのものである。つまり、社会人としての欠陥も、短所として見てくれるのだ。だが、それ以外の人間関係の中では通用しない。それによって、相手との関係や仕事などが台無しになってしまうこともあるのだ。

欠陥をそのままにしていると、人間社会では生きていけなくなる。このことを忘れないでほしい。


短所と欠陥を見分けるのは、難しいことではない。人間として、社会人として、ここが欠けているのは問題だという目線で見れば、気づくことができる。だからこそ、「これは短所ではなく、欠陥かな？」と自分で感じた時には、とことん直さなければならない。それができるのが人間なのである。

「それはお前の欠陥だよ」

単刀直入にそういってくれる人間がまわりにいたら、そんな人こそ、自分の本当の恩人だと思った方がいい。

●約束を守れる人間、守れない人間

私はジャズが大好きだ。特にキース・ジャレット、上原ひろみの大ファンで、この二人のコンサートにはよく足を運ぶ。有名なジャズクラブである『ブルーノート』は、本場のニューヨークにも行った。もちろん東京の店にも時々聴きに行く。

そんな私も日本の音楽シーンについてはあまり関心がないのだが、いわゆる「ジャニーズ系」の音楽は嫌いではない。テレビで『SMAP』、『嵐』、『関ジャニ∞』などの音楽を聴くことがあるが、歌唱力はさておき、彼らの楽曲はなかなか洗練されていると思う。詳しくは知らないが、一流の作曲家の手によるものなのだろう。

家の近くに住む孫娘は『関ジャニ∞』の大ファンだ。

先日、自宅のDVDが壊れたとかで、わが家を訪れ、その『関ジャニ∞』が出演している番組の録画を頼まれた。そちら方面の知識にはとんと疎《うと》いわが妻が「この、セキジャニって何?」と孫娘に尋ねてウケていた。

その『関ジャニ∞』のメンバーの一人である横山裕さんがいったことについて、孫娘が教えてくれた。横山さんはかつてあるテレビドラマに出演していたが、そのユニークな演技が印象に残っている。

「守れぬなら、最初から約束するべからず。オレなあ、約束したことないねん。守ればいいんやろうけど、破ってしまったらただの嘘になるやろ? 適当なことをいったりするのがめちゃ嫌いやねん」

テレビ番組の中で、横山さんが独特の関西弁で語ったという。とてもカジュアルな表現だが、私は気に入った。いいことをいうじゃないか。約束を守ることの重要性を独特の言い回しで語っている。

仕事ではもちろんのことだが、プライベートにおいても、その人間の評価をする時に確かな目安になることがある。

・約束を守るか、守らないか
・待ち合わせ時間にきちんと来るか、来ないか

私の長い人生経験からいうと、これがきちんとできる人間とは、仕事であれ、プライベートであれ、長い付き合いができる。逆にこれができない人間とは、人間関係が崩れていく。約束した場所に時間通りに来れない人間は何事にもルーズなのだ。ただ三〇分早く行動すればいいだけのことができないのである。

生きていれば、誰でも様々な事情で約束を守ることができなかったり、突発的な出来事で約束の場所に時間通りに来られなくなることはある。そんな時、あらかじめ事情を話してもらえれば私は納得する。だが、そうしたマナーもなく、約束に関してただルーズな人間はどうも信用できない。どんな小さな約束でも無断で破られれば、不快になるのは当然だ。五分の遅れでも、不快に思う関係というのはあるのだ。ひと言謝罪があればすむものなのだが……。

私が身を置く出版界というのは、ちょっと変わっている。それは、書籍の出版であれ、雑誌の取材であれ、約束の代表的な手法である契約書を最初から交わす習慣があまりないということだ。

ある出版社から企画が持ち込まれて、その主旨に著者が納得すれば、締め切りという名の原稿の納期、印税率などについてアバウトな口約束はするが、細かな条件などについて話し合うこともなく、仕事が進んでいく。

締め切りについていえば、こちらも厳守の約束はしかねる部分もあるので助かるのだが、最初から原稿料、印税などについて契約書を交わさないことに、他業種の人は驚く。不文律の信頼関係だけで成り立っているといっていい。

広告業界も似たようなものだ。ある広告代理店が上場を目指していた時、上場に際して税務関係のスペシャリストがアドバイザーを担うことになった。その時、電話一本で広告代理店と雑誌社、新聞社、テレビ局などの間で取引が決まり、契約書も交わさないことに異議を唱えたそうである。

時には千万単位、億単位の取引があるにも関わらず、簡単なオーダー表と口約束だけで仕事が進行することに大きなリスクを覚えたからである。業界を知らない人にとっては当然のことである。

だが、契約書を交わすルールは採用されなかった。なぜなら、契約書を交わせばその取引額に応じた収入印紙が必要になるからだ。その広告代理店の事業規模で換算すると、印紙代だけで年間数億円になるのだそうである。税務署にとっては辛い話だが、当事者にとっては胸をなでおろす決着だったという話だ。

そんなマスコミ業界だが、すべてがアバウトかといえば、そうではない。世間から見れば異常に思えるかもしれないが、この口約束の拘束力がきわめて強い。ある程度世間で名の通った会社なら、約束を違えることはない。まれに、出版社へ原稿を入れた後、あるいは本ができあがった後に、印税は分割払いだと聞かされて、ちょっとがっかりする会社もあるが、それはそれで仕方がない。

私自身、約束を反故《ほご》にされた経験はない。逆にいえば、口約束が守られている業界ともいえる。これはこれでよき習慣かもしれない。

とにかく、約束を守るというシンプルな作法が身についている人間でありたいものだ。

さて、約束をしたことがないと語った横山さんだが、感動的なエピソードがある。

横山さんは母子家庭に育ったのだが、二〇一〇年の五月に最愛の母親が急逝した。

その日、彼は青森でのコンサートが予定されていた。コンサートの四時間前に母の死を知る。所属事務所は出演辞退を彼に打診したが、彼はファンのすすり泣きが聞こえるなか、コンサートをやり遂げる。その後も、予定されていた公演スケジュールをすべてこなした。

「僕が笑ってステージに立たないで家に帰ったら、そんなのオカンも、イヤやろうなって」

後日、その心境を語っている。

ファンとの約束を見事に守ったわけである。

●心配性の人は心配するのが生き甲斐

「怒らせたらどうしよう」「がんになったらどうしよう」「事故にあったらどうしよう」……。

「杞憂《きゆう》」という言葉がある。中国古代、杞の国の人が天が落ちてくるのではないかと心配したという話から、する必要のない心配のことをいう。平たくいえば取り越し苦労のことだが、心配性の人は心配の種を探し出すことが実にうまい。

そして、こういう人に決定的には次のことが欠けていることがよくある。

・心配事の本質を見つける能力
・心配事の解消法を見つける能力

彼らにはこれらがなく、心配することだけで完結しているのである。「どうしたらいい？」とはいうが、自分でそれを探すことができない。意地悪な見方をすれば、心配する自分を愛しいと思っているようにさえ見える。

仕事においても、個人の生活においても、悩むことや迷うことは誰にだってある。私の生業である著述業、出版プロデュース業においても、企画の方向性をどうするか、どういう構成にするか、どういうタッチで書くかにはじまって、原稿が完成すればタイトル、キャッチコピー、カバーデザインに至るまで、悩みと迷いの連続といっていい。

だが、悩みと迷いに踏みとどまっていたら、何も進まない。当たり前のことだが、一つ一つ決断しなければならない。仕事とはすべからくそういうものだ。私にかぎったことではないだろう。

そして一ついえることは、いくら悩み、迷ったところで絶対的な正解はないということである。

企画をヒットさせるにあたっても、長時間悩み、迷って決断することが必ずしも有効とはいえない。実際、私がプロデュースした著作物でヒットしたものは、企画から刊行までに長く時間をかけたものはきわめて少ない。

なぜそうした結果になるのか。それには実にシンプルな理由がある。

①　企画の方向性がはっきりしている
②　ターゲットとする読者像がはっきりしている
③　問題点、留意しなければならない点がはっきりしている

ヒットする企画は、これらがスタート時点から明確になっていて、悩んだり、迷ったりする要素が少ないのである。

そして、もう一つ決定的な要素がある。

④　問題点を解消する方法がはっきりしている

こういう要素がそろった素材なら、出版プロデューサーとして料理することはそれ

ほど辛いことではない。すぐに仕事に着手できる。問題点を摘めばいいだけの話だ。ああでもない、こうでもないと悩んだり、迷ったりして手をこまねいている時間はなくなる。もちろん、実作業においては、複雑な仕事、細かい仕事、単純だが時間を要する仕事などはクリアしなければならない。拙速《せっそく》という言葉があるように、ここをショートカットしてしまうといい結果は生まれない。手抜きは許されないが、やるべきことははっきりしている。

そしてそれをやり終えたら、こう考える。

「後は読者に任せよう」

「失敗したって、命までは取られはしない」

これでいいのだ。これは自分自身の著作に関しても同様だし、業種が変わっても変わらないと思う。とことんやってこの覚悟が必要だ。

いい素材が手に入った、その素材の捨てる箇所は知っている、下ごしらえはできる、一番美味しい料理法も知っている。ならば、悩まず、迷わず料理をして提供するだけなのである。業種を問わず、いい仕事の進め方とはこういうものだろう。

最高のトラフグが手に入った。食べたいが料理はできない。「毒にあたったらどうしよう」とただただ悩む。そんな暇があったら、フグの調理免許を持った人間を探せばいい。

心配性の人間は、中途半端な問題点ばかり探して、問題点ををまな板の上に置くだけで、どう料理するかは考えない。問題点を察知することは重要なことだが、そこで立ち止まっていたら、進歩などない。仕事はもちろん、いかなる場合にも、悩んで、迷っても、その先に進まなければ何もならない。

もっとも、極度の心配性の人間は、料理人を連れてきたところでこういうに違いない。

「あの人、腕は大丈夫か？」

ここまでくると、心配性ではなく「心配症」である。こういう人は一生、美味しいものは食べられない。

●「拗《す》ねる」はもはや人間的欠陥だ

仕事の場ではいつも和気あいあいというわけにはいかない。

上司であれば、部下の仕事の進め方はもちろんのこと、言葉遣い、態度、服装に至るまで、厳しく指導しなければならないこともある。それに対して、指摘された側も、正当な理由があるのなら反論しなければならないこともあるだろう。

双方、仕事を第一に考えたうえでの対立はあって当然だし、そういうことがオープンに行われる会社や組織は伸びると思う。何でも対立すればいいとは思わないが、感情的な好き嫌い、私怨が原因ではない対立は、物事をベターな方向に進める要素でもある。

だが、これができない人間がいる。どういう人間かといえば「拗ねる」人間である。

「素直に人に従わないで不平がましい態度をとる。わざとよそよそしく振る舞う」

『大辞泉』には「拗ねる」の意味はそう書かれている。

「僕が何をいってもダメですから」

「はい、はいすべておたくのいう通りでございます」

「課長と違って、僕のような凡人には理解不能です」

こんな調子だ。極端な人間になると「どうせ私は」を枕詞にして、自分の出身校はもちろん、個人的な事柄を持ち出して拗ねてみたりもする。情けない話だ。こういう人間は仕事のパートナーとしては最悪といっていい。これは欠陥以外の何ものでもない。

・悔しさを抑えられない
・精神的に屈折している

・ひどいコンプレックスを抱えている
・根拠のない自信過剰
・いいたいことがいえない
・自分が人から好かれていないと思っている
・打たれ弱い
・冷静さを欠く
・幼稚
すぐに拗ねる人間は、このうちのいずれか、あるいはいくつかの要素を持っている。原因は色々あるだろうが、こういう人間への対処法はたった一つしかない。

「放っておく」

これだけである。これしかない。

様々な対立の中で、自分の主張が通らない、理解されないと感じただけで拗ねる人間は、対立というある種の戦いに参加する資格のない人間である。

たとえていえば、ジャンケンの最中に突然、手を引っ込めてしまうようなものだ。

こんな人間とはとうていフェアな戦いはできない。そもそも、人間関係に「正々堂々」という暗黙のルールがあることがわからない人間なのである。

仕事の場はもちろん、あらゆる人間関係でのコミュニケーションには守るべきルールがある。それは「自分個人に関わる感情」を加工せず、生の形で出してはいけないということである。拗ねるという行為は、感情を生の形で出しているのである。家庭の中では子どもが母親に叱られ、拗ねてみることもあるかもしれないが、社会生活の中では大の大人がやってはいけない行為である。

人は誰でも、自分個人に関して弱点、短所、コンプレックスを多かれ少なかれ抱えて、それを克服できないまま引きずって生きている。だが、それを表に出さないように心がけながら、世の中の人間関係において、時に勝負しながら物事を進めている。仕事の場では地位の高さや立場によって、言い方、振る舞いなど表面的な勝負の手法は変わってくるが、マインドとしては「さしの勝負」というスタンスは崩さない。

ところが、拗ねるという行為は勝負の場から自ら退場する行為にほかならない。

「お味噌」という言葉をご存知だろうか。

私が育った東京の下町では、子どもたちがかくれんぼなどをして遊ぶ際、年端《としは》もいかぬ子どもは鬼にはならなくてもいいという特権が与えられる。「お味噌」とは、その特権を与えられた子どもの呼び名である。いわばハンデキャップだ。この呼び名は地方によって色々とあるようだが、「さしの勝負」にはまだ早いと年長者が判断した場合に適用される。子どものルールとしては、よく考えられたものだと思う。

当然のことながら、ビジネスの世界にはこのルールはない。ひと言でいえば、拗ねる人はこの「お味噌ルール」を欲しがっているのと同じである。

そんな人間には、退場を宣告するか、放っておくしかない。

もし、自分にその傾向があると自覚していたら、いつの間にかまわりから見放されることがないよう、拗ねる自分からは早く卒業すべきである。

●とにかく「ありがとう」を素直にいうこと

物書きを生業にしている以上、自分の書いたものが多くの読者に喜んでもらえるのが一番幸せなことだ。本を読者に買っていただいて、生きていくうえで何かの役に立ててもらえれば、物書き冥利《みょうり》に尽きるというものだ。本がたくさん売れれば私自身も潤うし、お世話になった出版社の人や本の製作に関わった会社の方にも恩返しができる。

だが、私を支えてくださっている読者の方にお会いする機会はなかなかない。お会いできればお礼を申し上げたいのだが、サイン会、講演会などでしかそのチャンスはない。それ以外で唯一、お会いできるとすれば書店である。私は時間があれば書店に足を運び、自分の著書が並んだ書棚を見る。そんな時、私の著書を手に取り、ページをめくっている方に遭遇することもある。そのまま棚に戻される方もおられるが、それをレジに持っていかれる方もいる。

そんな時、私は小さく頭を下げ、「ありがとうございます」と小さな声でささやく。

「ありがとうございます」「ありがとう」は、社会で生きていくうえで欠かせない言葉だ。だが、大の大人でも、これができない人間がいる。もちろん、感謝の念は抱いているのだろうが、きちんと言葉にして「ありがとう」といえないのだ。

世の中には、どう考えても謝意を伝えるべきシーンにおいても、黙って立ち去ってしまう人間が少なくない。仕事の関係においてそれができないのは論外だが、エレベーターを降りる時や改札などで順番を譲られても、軽く会釈もしない、礼もいわないどころかサッサと立ち去っていく人間のなんと多いことか。呆れるばかりで怒る気分にもならない。その無表情ぶりには、気持ちの悪ささえ感じる。

また、日本人には「どうも」「すみません」や、小さな会釈で「ありがとう」の代用をする人も少なくない。感謝の念はそれなりに伝わるのだが、本来なら「ありがとう」というべきところだ。せっかくの感謝の念も代用品では、受け手の喜びも半減してしまう。

私は梱包材の卸業を営む家で育った。学生時代は家業の手伝いもさせられたが、その時に親からもっともうるさくいわれたのが「ありがとうございます」の作法だ。大きな声で語尾まではっきりと、である。

大学生の頃、雪がしんしんと降る真冬の新潟県へ売掛金の回収に行かされたことがある。日本海沿いの小さな町だった。海が荒れている日のことだ。

その店を訪れ、回収に来たことを伝えると「客じゃないんだから、裏へ回れ」と怒鳴られた。いわれたまま裏口へ回ると、封筒に入ったお金を投げつけられた。あまりの態度に怒りがこみあげてきたが、こちらにとっては大切なお客様である。

「ありがとうございました」

封筒の中に入ったお金を確かめ、そうお礼をいった時には、既にその店主の姿はなかった。悔しさがあふれたが、私は「これが商売というものなのだ」と悟った。

家業を営む親の大変さがわかったような気がした。

「ありがとうございます」「ありがとう」を発しなければならないシーンは様々だ。ビジネス関係の客に対してはもちろんだが、通りすがりの見知らぬ人からちょっとした心遣いや小さな親切を受けた時、あるいは買い物やレストランでの食事の際、対応してくれた従業員に対して……。会社や家庭においても、「ありがとう」を伝えるべきシーンは多い。

そういったシーンで、きちんと感謝を伝えられる人間は、まわりからも好感を持って接してもらえる。厳しい言い方になるが、無口やシャイを「ありがとう」をいわない理由にするのは、不遜《ふそん》あるいは自分への甘え、そうでなければ礼儀知らずと思われても仕方がない。早くそのクセは直した方がいい。

そんな人は寝る前にでも、今日一日で自分は何回「ありがとう」といったか数えてみるといい。はじめのうちは、二回、五回いえたなどと自分を褒めてもいいが、さらに厳しいことをいえば、回数を数えられるうちはまだまだ及第点とはいえない。社会や家庭で普通に暮らしていれば、数えきれないほど「ありがとう」という機会があるはずだ。心して口に出してみると、いつでもスマートにいえるようになる。

商売の神様と称された松下幸之助氏はこんな言葉を残している。

「『ありがとう』という方は何気なくても、言われる方はうれしい。『ありがとう』。これをもっと素直に言い合おう」

「ありがとう」

簡単な言葉だが、いつ、いかなる時でも人間関係を円滑にする魔法の言葉である。

●礼儀作法は単純だが重いもの

私自身、かなりせっかちで、仕事のパートナーが自分のリズムに合わない人だと、正直なところちょっとイライラすることがある。その対象はいわゆる、おっとりとしたタイプの人だ。これればかりは相性としかいいようがないもので、決して相手に落度があるわけではない。

むしろ、せっかちすぎる自分の方にこそ問題があるのだと自覚している。そんなパートナーと仕事をする時は、自分なりにモードを変えて付き合うようにしている。

そうやって付き合いを始めると、私の努力を認めてくれたのかどうかはわからないが、相手もモードを変えてくれて、しばらくすると二人の間にいいリズムが生まれてくる。

仕事であれ、プライベートであれ、人間関係というものは、互いに改めるべきところは改め、譲るべきところは譲り、歩み寄るべきところは歩み寄ることでうまく動いていく。それには、まず自ら改めるのが先決だ。

そうした相互作用で人間は自分の新しい面を開花させ、進化していくのだ。その人が何歳であるかは関係ない。私も死ぬまで進化していきたいと強く願っている。

もちろん、ブレないものを持つことも大切だが、あまりに自分の価値観だけで物事を決めつけてしまうと、進化を遮ることにもなりかねない。ブレないということは、一歩間違えると「頑迷《がんめい》」の汚名を着せられることにもなりかねない。他人に対してはいくらか寛容である方がいい。いい人間関係を築くということは、そういうことなのだ。

しかし、である。

私は礼儀作法を身につけていない人間に対してだけは、それほど寛容ではいられない。何も難しいことを相手に要求しているわけではない。

・挨拶をちゃんとする
・謝罪すべき時は素直に謝罪する。「でも、だって」はいわない
・清潔な佇まいを保つ
・マナーを身につける
・長幼《ちょうよう》の序《じょ》を知る

仕事、プライベートを問わず、これらのことだけは相手に求めたい。常識なのだ。

少し前、ある仕事の打ち合わせでのことだ。

食事をとりながらの打ち合わせで、相手は三〇年以上付き合いのある男性。その社

のトップにまで登りつめた人物だ。A氏としよう。

悠々自適の生活に入ってもいい立場なのだが、現場の仕事が忘れられず、便宜上、顧問的な立場を得て現役を続けている。その席には、若手の男性社員が一人同席した。私とは旧知の彼にしてみれば、その若手社員に経験を積ませて、仕事を引き継ごうということなのだろう。

中華料理店の席についた。挨拶をすませた後、それぞれ料理をオーダーした。料理が来る前に、新しい仕事の方向性を確認することから打ち合わせが始まった。ほどなく、その若手社員の料理だけが先に運ばれてきた。私とA氏との間には方向性にややズレがあり、そのすり合わせをしていた。

その時、私はわが目を疑った。その若手社員は無言のまま箸を持ち、料理を食べ始めたのである。「お先にいただきます」もない。私は呆れ、やがてそれは怒りに変わった。どやしつけてやろうかとも思ったが、われわれ二人の料理も運ばれてきたので、食事がまずくなるので、仕方なく食べ始めた。

しかし、どうにも怒りは収まらない。せっかくの料理の味もわからない。三人が料理を食べ終えた時、私はもはや黙ってはいられなかった。

「あなたね。はじめての客と自分の上司が仕事の話をしている。こちらにはまだ料理が運ばれてきていない。それを、何もいわず真っ先に料理に箸をつけるとは何事だ！」

優しく始めた説教も、途中からは怒鳴り声に変わった。いわれた青年は顔を真っ青にして非礼を詫びたが、後の祭り。Ａ氏も「申し訳ありません」の連発だった。

何度もいうが、私は看過《かんか》できないことに関しては、その場で異議を唱えることにしている。きちんと叱責《しっせき》しなければ、彼も学ぶことができないし、これからも非礼を重ねて、本人が恥をかくことになる。

私とて、叱りたくて叱っているわけではない。叱る側の方が叱られる側よりもストレスは溜まるのだ。だが、それをするのが年長者の使命だと私は思っている。彼が私に対してどういう感情を持つかは知らないが、「ならぬものはならぬ」のである。私がその時青年に叱咤《しった》しなかったら、彼はまた同じようなことを別の時にしてしまうに違いない。

さきほど挙げた五つの項目は単純なものだ。しかし、単純だからといって、軽んじていいものではない。私は死ぬまでこのモードを変えるつもりはない。

「人の礼法あるは水の堤防あるがごとし。水に堤防あれば氾濫の害なく、人に礼法あれば悪事生ぜず」（貝原益軒《かいばらえきけん》）

●「食」にはその人の生き方が出る

人には相性というものがある。

何が気に入らない、どこが嫌いとははっきりといえないのだが、話していてもどうもしっくりこない。そういう関係は間違いなくある。

それが仕事のパートナーであったりすると、多少やりにくい面はあるが、仕事の資質に欠けているとか、非常識だとか、無礼だとかいうことがなければ、それはそれで受け入れるしかない。相性がよくない理由を探したところで、何の役にも立たない。

人によっては、相性の悪さから「嫌い」と決めつけてしまう人もいる。だが、家族でもないし、私生活でも交際しようというわけではないのなら、好き嫌いという尺度はいらない。

逆に、何が好ましい、どこが好きとははっきりといえないのだが、相性がいいと感じる人もいる。

その理由を考えたことはなかったのだが、あるシーンで私なりに「相性のいい人」の理由がわかった。四〇代の女友達と食事をしていた時のことだ。「食事をしていて、愉しい人」「味覚の好みが合う人」がそれだ。

彼女は私にとっての「相性のいい人」だとひらめいた。食事の席では、誰でもある種の「素」が出ると私は感じる。彼女の「素」が私にとっては心地いいのだ。

一方、一緒に食事をしていて気分が乗ってこない人には、いくつかの特徴がある。

①　食べ方がきれいでない
②　酒にだらしない
③　はじめて食べる料理に消極的
④　食べたことのない外国料理に偏見がある
⑤　店の人に対して横柄

などなどだ。これは私にかぎらず、ほとんどの人に共通の事柄だと思う。まず、①は論外だ。音を立てて食べたり、箸の使い方がおかしい人と一緒に食べていると興ざめする。②では酒が入ると豹変する人間がいるが、これも辛い。しゃべり上戸、からみ上戸、泣き上戸と豹変の仕方は色々だが、どれも迷惑である。もし、自分がこれらに該当するのであれば、いずれも修正すべき欠陥である。

そして私自身、美味しいものへの探究心が旺盛なので、③のはじめて食べる料理に興味を示さない人もつまらない。さらには④のように、日本ではマイナーな外国料理に対して、ゲテモノ料理でもないのに、「薬臭い」とか「これ、食べ物ですか」などとひどい言葉で論評する人はどうかと思う。エスカルゴなどその代表例かもしれない。

好き嫌いはあって当然だが、食文化に対する無理解にも思えてくる。世界には様々な食文化が存在する。自分の口に合わないものがあるのは仕方ないが、それを冒瀆《ぼうとく》するような言葉はいただけない。その人の教養のなさを露呈しているように見える。

かつて、ある国の皇太子が日本を訪問し、日本料理のもてなしを受けた。帰国後、その皇太子はイカの刺身を「まるでゴムを食べているようだった」とコメントしたと伝えられたが、日本人としてはあまり気分のいいものではない。食文化はエリアによって多種多様。それぞれ尊重するのが礼儀というものだ。また、⑤の店の人に失礼な態度をとるのも論外だ。

さて、①～⑤までに該当しない「相性がいい人」は、食事中にとにかく「美味しい」という言葉を連発する。それがこちらの用意した席であれば、実に愉しい。

「どういう人を結婚相手に選べばいいでしょうか」

結婚コンサルタントではないが、若い人からこんな質問を受けることがある。いくつか条件を挙げたうえで、私はこうつけ加えることが少なくない。

「味覚の好みが合う人」

これはあくまでも私見だが、味覚の好みは、物事の考え方や価値観に通じると思っている。似た者同士の結婚が必ずしもうまくいくとはかぎらないが、その確率は高いとも思っている。好きな食べ物が一致しているということは、生き方の相性と無縁ではないと思うのだ。

私の独断だが、食べることが大好きな人は似たような人を、食べることに淡泊な人はそういう人を選べば、相性はいいと思う。

ついでにいえば、私の知り合いの医師は、味覚の好みが合う異性とはセックスの相性もいいというきわめて大胆な見解を持っている。

「味覚もセックスも粘膜と密接な関係がある」

それが根拠なのだという。わかったような、わからないような説であるが、私の長い人生経験からいえば、にわかに否定できない気がする。

とにかく、人との相性を食べ物という観点から考えてみるのも一興だ。

最後に、味覚の一致とセックスの相性に関する論を唱えた医師は、内科医でなく眼科医であることを申し添えておく。

●ときに「他人の耳」にも神経をつかえ

無口な人は苦手だが、必要最低限のコミュニケーションさえ成り立てば、こちらもその人のモードに合わせればすむ。

だが、極度のおしゃべりとなるとちょっと辛い。相手に合わせず、こちらのペースで話を聞いていればいいのかもしれないが、いいかげんな受け答えもできないから、こちらは一方的に話しを聞くことになる。当たり前のことだが、おしゃべりな人の発する言葉の量は多い。となると、聞いて、考えて、話すという、こちらがやることも多くなる。

たとえ、多少おしゃべりであっても、頭脳明晰、話題豊富、話術巧みで、その内容がこちらの興味を引くものならいいのだが、ただ言葉を撒き散らすだけの相手となると、お付き合いもほどほどにしたくなる。

さらに、おしゃべりな人は例外なく声も大きい。私は、おしゃべりなのに声の小さい人にこれまで一度も会ったことがない。

こういう人とは一緒にいるだけでも疲れる。ひと言でいえば「うるさい」だけなのである。それでも二人だけの空間ならまだ我慢もできる。だが他人がいる場所なら、その人たちへの迷惑も生まれる。相手をしている方は、そのことも気にしなければならなくなり、これもストレスになる。

最近、他人がうるさがっているということに対して鈍感な人間が多すぎる。

電車の中、通りの真ん中、レストランなど、あらゆるところで「うるさい」と感じることが多い。あたり構わず大声で話す中国人観光客は論外だが、そういう人間には「他人の目」はもちろんのこと、「他人の耳」に対するデリカシーも持ちなさいといいたい。

少し前、私は電車の中で怒ってしまった。

優先席にわがもの顔で座っている家族に対してである。会話の様子では、若い母親と三、四歳と思しき娘、そして祖母である。それほど混んでいる電車ではなかったから、優先席を陣取っていることには目をつむってもいい。だが、子どもは席を離れて大騒ぎ、母親と祖母は大きな声で会話に夢中。子どもを注意する素振りも見せない。まわりの客も呆れ顔だ。ついに私の堪忍袋の緒が切れた。

「うるさい！」

私はその家族を睨《にら》みつけて、そう言い放った。するとその家族は私の声に一瞬キョトンとはしたものの、さすがに非礼を恥じる気持ちがわずかに残っていたのか、騒いでいる子どもをたしなめ、席に座らせた。まわりの客の私に対する無言のエールにも気づいたようで、その後はおとなしくなった。

静かになったからといって、こちらの気持ちが晴れることはない。公衆の面前で怒鳴る方にしてみれば、そのストレスたるや大変なものなのだ。人並みのデリカシーを持っている人間なら、見ず知らずの人間に声を荒げて、その言動をたしなめることは決して愉快なことではない。

だが、社会で生きていれば「ならぬものはならぬ」という小さな正義を主張しなければならない場合もある。


以前のことだが、友人と二人で熱海に向かう新幹線の中、大声でしゃべりまくっている中国人観光客の一団に抗議したことがある。といっても、中国語ができない私は、日本語の話せる中国人のツアーコンダクターに、静かにしてほしい旨を伝えた。「何事か?」といぶかしげに私たちのやり取りを見ていた観光客を、彼は穏やかな口調でたしなめているようだった。昨今の日中関係から考えて、一触即発の危惧がないわけではなかったが、私の連れは日本拳法の有段者である。もしもの時でも、守ってくれるだろうと勝手に考えていた。

だが、意外な展開が待っていた。ツアーコンダクターからたしなめられたグループの一人が、私の方を向いて小さく会釈し、微笑みながら唇にチャックをするような仕種をしたのである。私も軽く会釈し、苦笑いを返した。予期せぬ日中友好の瞬間である。

基本的に、公衆の面前での慎みのない会話は、部外者にとっては雑音でしかないということを知るべきだろう。当事者にとってはその会話がいかに重要なものであっても、である。それが、社会で生きていく人間の最低限のマナーだ。

「Empty vessels make the most noise」

「空の器ほど大きくてうるさい音を立てる」という英語のことわざだが、この「空の器」には「頭が空っぽ」という意味も含まれている。

他人の耳へのデリカシーのない人間は、一度自分の頭を叩いてみるといい。だからといって、大阪のオバちゃんの頭が空っぽというつもりはないのだが……。

●「お互い様」という素晴らしい言葉

日本には、「お互い様」という素晴らしい道徳がある。日本人なら生きていくうえで忘れてはならないことだ。

東日本大震災の際、被災地では略奪や暴動が起こらなかった。最愛の人や家屋、財産を失った多くの被災者たちは、悲しみに打ちひしがれながらも、社会生活のルールを守り、冷静に行動した。その姿に世界のメディアは驚嘆し、日本人の道徳意識の高さを絶賛した。なかには人間とは思えぬ不届き者もいたようだが、それはごくごく一部の話である。

二〇一五年四月にネパールで大地震が発生し、多くの被害が出たが、この国でも略奪や暴動は起こらなかったという。ネパールの人々の道徳意識の高さにも拍手を送りたいが、窮地にある人間を助け合う精神は、人として誇りとすべきものである。

自然災害にかぎらず、仕事や人間関係において間違いや失敗を犯した時にも、窮地に陥ることがしばしばある。そういう人間を進んでスケープゴートにし、自分の責任から逃れようとする人間もいるが、下品な振る舞いである。みっともない。

人間は生きているかぎり、間違いや失敗を必ずする。それは仕方のないことだ。普段の生活はもちろん、仕事においても同様である。とんでもない不注意やいいかげんな振る舞いが原因で大きな間違いや失敗をしたのなら、厳しくその責任を問われても仕方がないが、きちんとやっていたにも関わらずそうなったのなら、同情の余地はある。

私自身、仕事に関してはかなり厳しい姿勢で臨んでいるつもりだが、パートナーやアシスタントの間違いや失敗に関して、同情の余地のあるケースではかなり寛大に振る舞うことにしている。

なぜそう決めているかといえば、実に簡単な理由である。自分も同じような間違いや失敗をするからである。

「自分のことは棚に上げて、人の悪口をいうんじゃない」

半世紀以上も前のことで恐縮だが、私が母からいわれたことだ。私は大阪で生まれたが、すぐに東京に移り住み、下町で育った。家業は梱包材の卸業を営んでいて、私自身も高校生、大学生の頃はその手伝いをさせられたのだが、そのなかで仕事の人間関係、近所付き合いの基本を両親から叩き込まれた。その基本の一つが「自分のことを棚に上げて、人の悪口をいうな」ということである。

今も東京の下町には、近所付き合いを大切にする文化が残っているが、その頃の下町には「情けは人のためならず」ということわざ通りの共通認識が、今以上に定着していた気がする。

このことわざは誤った解釈をされることでも知られている。ご存知の方も多いとは思うが、情けをかけてもその人のためにならないという意味ではない。他人に情をかければ、自分にもいいことが巡ってくるという意味だ。

よこしまな動機からであれば自業自得だが、些細なことが原因で他人が窮地に陥った時、その人間に対してどういうスタンスで接するかによって、その人の度量が決まる。その境目になるのが、自分のことを棚に上げるか上げないかだと思う。

・他人の間違いの原因を精査する
・自分は間違いを犯さないのかと自問してみる
・間違いを犯した人間の気持ちを察する

こういうスタンスで、他人が犯してしまった間違いや失敗に対応すべきではないか。特に当事者の心情を「察する」ということを忘れてはいけない。この「察する」ことこそが「お互い様」の道徳の根底にあるのだ。いい人間関係において、なくてはならないものである。

●コミュニケーションに表情や仕種はつきもの

能面のような表情というべきか、目や表情の動きが乏しく、話していても喜怒哀楽がわからない人間はちょっと苦手だ。こちらの話を聞きながら、片時も私の顔から目を離さない。私も相手の目を見て話すが、相手は相槌を打つわけでもないし、言葉を差し挟むわけでもない。ただジッと私の目を見ている。

相手に対してなんら後ろめたいことをした覚えはないのだが、そんな時間があまりにも長く続くと、「前に何か悪いことでもしたかな？」と知らぬ間に記憶の糸を辿《たど》ってしまうこともある。

過剰に喜怒哀楽を表現する人には「お笑い芸人じゃあるまいし」と感じてしまうが、まったく表情を変えない人よりはまだましだ。

コミュニケーションにおいては、どんな言葉を用いて、どんな言い方をするかということが肝心だが、負けず劣らず大切なのが、表情や仕種だ。同じことを表現するにしても、その言葉にふさわしい表情や目の動きが伴うか伴わないかによって、相手に対する説得力は大きく違ってくる。

・同意を求める　↓　相手の目を見つめて小さく頷く
・理解しているか確認する　↓　相手の表情をやや覗き込むように、首をかしげる
・相手の主張に異議がある　↓　視線を相手からそらし、上を見て考える
・無理なお願いをする　↓　やや眉間にシワを寄せながら相手の顔を拝む
・謝罪する　↓　相手の目から視線をそらさずに、頭を下げる

これらが最適な動作だとは思わないが、ざっと考えただけでも、これだけの表情や仕種のバリエーションが思いつく。

言葉はこちらの意図を伝えるための最初の手段だが、その意図を強くアピールするために不可欠なのが表情と仕種である。料理にたとえるなら、ステーキを食べたがっている相手に対して、極上の肉を用意し、お好みの焼き方をしたとしても、皿の上にステーキだけが乗っているだけでは、やや物足りない。同じ皿にマッシュポテト、温野菜、クレソンがバランスよく並べられていれば、より一層食欲をそそられるだろう。

コミュニケーションにおいて、表情や仕種は主役ではないものの、主役を引き立たせるために欠かせない名脇役のようなものなのである。そのために欠かせないのが、相手の観察だ。

一流ホテルの従業員などは客の仕種をよく観察している。正面玄関の車寄せで客の送迎をする人、フロント係、エレベーターに案内する女性などは、実に洗練されている。場合によっては、言葉というよりはほとんど表情や仕種を読み取るだけで、客が求めていることを速やかに察知することさえある。

たとえば、ホテルでパーティがあったとする。客が玄関から入ってきて、胸のポケットから招待状を出す仕種から、パーティ会場を探していると察知して「パーティにお越しですか」と聞く。一流のレストランも同様だ。ホール係は常に客の表情や仕種に目を配り、客が今何を求めているかを探っている。客がグラスをおかわりしようとする素振りを見せれば、ドーテルといわれる人たちがすぐにテーブルに飛んでくる。そしてこういう人たちの表情や仕種には、味がある。初対面でも、「ああ、感じのいい人だな」という印象を与えるような雰囲気が漂っているのだ。

このように、表情や仕種はとても雄弁なのである。

もし、自分のコミュニケーション力に自信がないのなら、言葉はもちろんだが、同時に目や表情の動きが乏しいのではないか、と疑ってみることだ。


以前、ミュージシャンのつんく♂さんが、声帯を摘出し声を失ったことを表明した。母校である近畿大学の入学式に招かれた時のこと。彼は祝辞を述べることはできなかったが、ビデオが放映される壇上で会釈や表情、目の動きの変化でこれからの自分の人生への覚悟、新入生への祝意を表明していたように感じた。同じ病気と闘う人たちへの激励のメッセージを発信しているようにもとれた。私は、彼の音楽活動の熱心なウォッチャーではないが、その前向きな姿勢に拍手を送りたいと思ったものだ。

「目は口ほどにものをいう」

ある学説によれば、「ヒトの目」は他者とのコミュニケーションを向上させるために進化したともいわれている。目はもちろんだが、表情、仕種もコミュニケーション力を豊かにする手段であることを覚えておくといい。

●「口が堅い」は賢者の必須条件

私は口が堅い方だと思う。

親しくしている友人から「ここだけの話」をされれば、決して口外しない。その人の名誉になること、本人が喜ぶようなことであればそのかぎりではないが、「ここだけの話」は家族にも話さない。その友人が私の妻と知り合いであったとしても、である。仮に、口止めされなかったとしても、二人の間で交わされた話をベラベラと第三者に話すことはしない。

口止めされようがされまいが、話の主、あるいは第三者から聞いた話題の主についての深刻な事柄については、口外しないのが大人のマナーだと思っている。話すべきでないことは話さないというスタンスで生きている。

よくしゃべるけれど、口の堅い人がいる一方で、口数は少ないが、口の軽い人もいる。「家族の病気、親子関係の問題」「男女関係の問題」「転職」「また聞き、うわさ話」。これらの話については、口外しないのはもちろんのこと、私はうかつに口出ししないと決めている。特に家庭の問題については、相談されないかぎり、聞くだけにとどめている。生半可な情報でコメントしたり口外したりするのは無責任なことだからだ。

男女関係、転職など、本人の人生に直接影響を及ぼすような問題についても同様だ。意見を求められた場合のみ、「細かな事情はわからないが」と断ったうえで、多少の意見を述べる。冷たいようだが、与えられた少ない情報だけでとやかく意見を述べて、相手の決断を大きく左右するようなことはすべきではないと思っている。

そしていえることは、こうした深刻な話の場合、とにかく話を聞いてあげることが一番だ。一人で難題を抱え込んでいる人が欲しがっているのは、解答ではなく打ち明けられる相手なのだから。占い師などと同様、だいたい相手の話をじっくり聞いてあげるだけで、問題はほぼ解決するものなのだ。

「問題提起がなされていれば、答えは既にある」

『資本論』で有名なカール・マルクスはそう述べていたと記憶している。まさにその通りではないか。相談の主は、他人に話すことで提起された問題を再確認しているのだ。いくつかの答えは既に本人の中に芽生えている。聞き手はそれをただただ聞いてあげることに徹し、求められた時にのみ、軽く背中を押してあげる程度でいい。

もちろん、口外は無用だ。

いかに慎重に言葉を選んだにせよ、私の口から第三者にその情報が伝われば、間違いなくその情報は私が当事者から得たものとは違ったものになる。それは伝言ゲームを見ていればわかることだ。自分の意志とは無関係に、私の発言が一人歩きしてしまう。だから、深刻な話は口外しないし、たとえ深刻でないにしても「聞いた話」は慎むようにしている。

そして気をつけなければならないのが、口の軽い人間。こういう人間にはうかつに深刻な話はしない方がいい。どんなに「ここだけの話」としっかり前置きをしても、いったん耳にいれてしまうと大変なことになる。

口が軽いということは、ある意味で頭が軽いということ。深刻な状況にある人間への想像力が決定的に欠けていて、当事者の心中を慮《おもんぱか》るデリカシーはない。他人の不幸を話のタネにするのも平気なのだ。聞いた話の内容は忘れないが、「ここだけの話」という約束は完全に抜け落ちている。

さらに、手口が巧妙だ。

「○○さんから聞いた話なんだけど」

こういう前置きを忘れない。話が巡り巡って、当事者の耳に入った時にも、他人に責任を押し付けられる布石《ふせき》を打っておくのだ。「××さんも大変だよね」などとは口にするが、こういう人間は、当事者を気の毒に思う気持ちなど皆無。もちろん、針小棒大に話すことも忘れない。「他人の不幸は蜜の味」で、他人の不幸を自分の唇に乗せてその甘みを楽しんでいるだけなのである。

私もこういう人間の毒牙にかかってしまったことがある。話すべきではなかったことをうっかりもらしてしまったのだ。何日かして、そのことで当事者から穏やかな口調ではあったがたしなめられた。私は平身低頭、謝罪して事なきを得たが、まさに汗《かん》顔《がん》の至りだった。

それ以来、この口の軽い人間との付き合い方を変えた。口の軽さを除けば、さして悪い人間ではない。能天気といえば能天気で、たまに会うと、私が「ここだけの話」をしないと見るや、今度は向こうからいってくる。

「ここだけの話なんですがね……」

そう切り出してきたら、私は話を遮《さえぎ》ってこういう。

「悪いけど、ここだけの話にする自信がない。外で話してしまうから、聞かない」

彼はキョトンとしていたが、それ以来「ここだけの話」をすることはなくなった。少なくとも私の前では、いくらか「重い口」の人間になったようだ。

「Wise men speak because they have something to say; Fools because they have to say something」

（賢者は話すべきことがあるから口を開く。愚者は話さずにはいられないから口を開く）（プラトン）

口が堅いということは、賢者の必須条件といえそうだ。

●相手によって話し方を変える愚

私は、知らない人に会うのが大好きだ。「この人はどんな人なんだろう」という興味がわく。どんな考えを持っているのか、どんな仕事をしていて、どんな趣味をもっているのか、好奇心が刺激される。

だが、その人の出自、家庭、学歴、地位などはほとんど尋ねない。たまたま話題がそちらに向き、相手が進んで話すのなら、それを遮ったりはしないが、こちらから問うことはしない。

私自身、若い頃からそうしたことへの関心が低い。今目の前にいる人が話すことに興味があるのであって、その人の背景などはとりあえず必要な情報ではない。

独立して以来、何人かのエディター、アシスタントに働いてもらったが、出身地、出身校、年齢、前職などはすぐに忘れてしまう。面接試験の時に履歴書にも目を通し、一応チェックはしたはずだが、ほとんど覚えていない。要は仕事ができそうか、一緒に仕事をして色々な意味でストレスにならないかだけが採用の基準なのだ。極端にいえば、人物評価の拠り所は自分の目だけでいいと思っている。

ところが、自分の目で見た「人となり」に自信を持てない人もいる。そういう人は、身上調査のように、やたらと相手の出身地、学歴、所属、地位、家族などを無遠慮に尋ねる。見ていてあまり気分のいいものではない。人によっては、聞かれたくないこと、話したくないこともあるということがわかっていない。

こういう詮索《せんさく》好きの人間は、えてして、そうやって得た情報によって言葉遣いや振る舞い方を変える。相手が自分よりも「上」と見れば下から目線になるし、「下」と見れば上から目線になる。そもそも、上も下もないのだが、こういう人間は他人を値踏みしないと落ち着かないのだ。

詮索好きの人間は、初対面の人に対すると自分の目線選びを定めるのに懸命になるが、一つでもきっかけをつかむとその後の対応が下品になる。

「◎◎社の××部長をご存知ですか?」「△△大学の○○教授はオヤジの同級生で」などということを口にし、自分が「上の人間の関係者」であるとアピールしたがる。権威臭を振りまき、知り合いの威光を纏《まと》おうとする。その理由は、自分が光っていないからだ。

一年ほど前、あるゴルフコンペでたまたま同じ組で回った四〇代男性がまさにこのタイプだった。もちろん初対面だ。こちらは久しぶりのゴルフを楽しみたいだけだったが、プレー中、フェアウェイを歩きながら、こちらの身上調査と自分がいかに著名人を知っているかの話ばかりしていた。ゴルフを楽しんでいる最中なのだから、「いい天気ですね」「今のショットはよかったですね」だけでいいではないか。

彼の言葉をはじめは受け流していたが、途中で段々嫌になってなるべく一緒に歩きたくなくなった。そんな気持ちが影響したのか、後半は右に左にショットが乱れて、結果として一人わが道を行くことになった。スコアが崩れたのはいうまでもないが、少なくとも鬱陶《うっとう》しさからは解放された。


他人の出自、学歴、地位などのフィルターを通してしか他人を見ることができない人間は悲しいし、知人の威光でしか自分を語れない人間は寂しい。

もし、何かの折にこういう人にまとわりつかれて、何とか撃退したいと思ったら、こういってみるといい。

「私は、オバマ大統領はよく存じ上げていますよ」

「えっ？　政府関係の方ですか？」

相手が驚いた表情を見せたら、真顔でこう付け加える。

「非常によく存じ上げています。もっとも、彼は私を知りませんがね」

こういえばその相手は、二度と近づいてこなくなる。

上質な人間性について、ニーチェはいう。

「他人をあれこれと判断しないこと。他人の値踏みもしないこと。人のうわさ話もしないこと。あの人はどうのこうのといつまでも考えないこと。そのような想像や考えをできるだけ少なくすること」

●「大きなお世話」はしないこと

今、プロテニスプレーヤーの錦織圭選手の活躍が目覚ましい。外国人選手に比べて身長も体重も劣るが、世界のトップテンに入っているのは素晴らしい。私もにわかファンになって、テレビで試合を見ることもある。最近、彼の試合を見ていたら、かつての名選手ジョン・マッケンロー氏が映っていた。試合を中継するアメリカの放送局の解説者として出演していると紹介されていた。

そこで、突然私はある言葉を思い出した。

「Mind your own business」

そのまま訳せば「あなたの仕事を気にかけなさい」だが、「大きなお世話だ」とでも訳せばいいだろうか。

かつて、この言葉をマッケンロー選手が日本の大会で優勝した時にインタビューで発したことがある。その時の彼は疲れていたのか、不機嫌で、優勝したにも関わらず、面倒くさそうに質問に応じていた。その最中に、「賞金は何に使いますか」という女性インタビュアーの問いに対して、怒り顔で答えたのが、「大きなお世話だ！」。それが最後の質問になったのはいうまでもない。

もともと彼は、レフェリーの判定に暴言を吐いたり、悪態をついたりすることで有名で、「悪童」のニックネームがついていた。今でこそ、プロテニス選手が判定に対して異議を申し立てることは珍しくないが、マッケンロー選手の登場以前、テニスは紳士淑女のスポーツとされており、ほとんどの選手は微妙な判定にも黙って従っていた。そんなプロテニス界に、ある意味で革命児として彼は登場したのである。

「Mind your own business」という言葉はまさに彼の真骨頂だったのだが、その時私は彼に好感を抱いた。なぜなら、インタビュアーの質問があまりにお粗末だったからである。ほかに聞くことはないのか、まさにいらぬお節介だと私も感じたものだ。

話の紹介が長くなってしまったが、何であれ、私はあれこれお節介じみた質問をする人間にはかなり腹が立つ。世の中には「ご両親は？」「奥さんはお仕事をなさっているんですか？」とか「お子さんの会社は？」「ご出身大学は？」など、その時の話題とは関係なく、無遠慮に身上調査のような問いを好んでする人間がいる。答える側は深刻な事情を抱えているかもしれないのに、である。

そしてこれだけでは終わらず、さらに踏み込んだ話を聞き出そうともする。仮にちょっとした心配事や悩みの一つでも吐露しようものなら、根掘り葉掘り質問し、ヅケヅケと人のプライバシーに土足で入り込んでくる。人間として非常に下品な振る舞いであることがわかっていない。このタイプの人間は、ほかに考えることはないのかとすら思ってしまう。お節介も甚だしいのである。

さらに困ったことに、こういうお節介人間の口は非常に軽い。行きの便で誰かから話を聞き出し、帰りの便で他人に話すような生き方をしている。しかも事実と違ったことを話すから最悪である。

私自身、様々な人への興味は尽きないタイプだが、その素性に興味があるわけではない。どんなことを考え、どんな生き方をしているかに興味を覚えるだけだ。しかし、それも無理に聞き出そうとは思わないし、通常のコミュニケーションの中で刺激を受けたいだけの話だ。

私のオフィスで人手不足が生じて、面接試験のようなものをする時にも、履歴書には目を通すが、それよりも、私のオフィスでどんなことをやってみたいのか、どんなことに興味があるのかが一番気になる。「今、目の前にいる人」を見て、採用するかしないかを判断するのだ。

実際、二〇年以上の長きにわたって私のオフィスで働き、転職していった女性の年齢とか学歴もよく覚えてはいない。いや、覚えることがなかったというのが正しい。お盆や正月には帰省していたから出身地はさすがに知っているが、オフの時にどんな暮らしをしているのか、友人関係はどうなのかなどもまったく知らなかった。

彼女が比較的おとなないし女性であったことも理由の一つだが、一番の理由は私がそれを尋ねないからである。他人に関することで、尋ねても何の役にも立たないことがあると私は考えている。それに誰にでも、聞かれたくないこと、話したくないことはある。それでいいではないか。

お節介焼きは傍迷惑である。「Mind your own business」という言葉をかみしめてもらいたいものだ。

●「私情」は「公」では出さないこと

ある日、結婚式への招待状が届いた。仕事でお世話になった男性からである。

「ああ、めでたく再婚するのか」

それはよかったと喜びながら、封筒に書かれた新婦の名前を見て驚いた。彼の直属の部下の女性なのである。私も何度か会っている。それも新郎とともに三人で、である。

二人は様々なイベントを企画する会社で働き、ある企業の依頼で私の講演会を三回ほど担当してくれた。打ち合わせの度に、私のオフィスを二人で訪れた。講演会の客層、テーマ、スケジュール、会場へのアクセス、ホテルの手配はもちろん、地方の場合は翌日の観光の手はずまで、綿密に整えてくれた。

打ち合わせの席では新婦となる女性がいつも一緒だったが、私の目には、仕事熱心な上司と真面目なアシスタントとしか映らなかった。私自身、男女の恋仲には無関心な方だが、長く人間を見てくると「もしかして、この二人」という感覚はそれなりに身につく。だが、この二人に関しては、まったく気づかなかった。

会社の仲間が中心になっての結婚式だったが、出しぬけを食らったのは私だけではなかったようだ。お祝いのスピーチをする上司、同僚、部下の「青天の霹靂《へきれき》」ぶりは誰しも同じだった。

「隠し通すのは大変だったでしょう」

後日、ささやかなディナーに二人を招待したのだが、その時彼に尋ねてみた。

「『私』を仕事で見せるのは恥ずかしいことだと、父に言われて育ちましたから」

そうひと言。そういう人間に個人的な事情を聞くのは少しはばかられたが、好奇心に駆られて色々聞いてみた。こちらも新聞記者出身。話したくない人間から話を聞き出すのはプロだ。

すると、彼の父親は警察官で、既にリタイアしたものの公安部に長く籍を置いていたことがわかった。公安部といえば、過激派組織や反社会的組織などの活動を、身分を隠しながらそうした組織の動向を調べる仕事である。日ごろの仕事内容、どこに行ったかについて家族はもちろん、同じ警察官であってもうかつには話さない。いわば「私」はもちろん、「公」まで隠さなければならない仕事である。

「それに、ですね」

お酒の勢いも手伝ったのか、彼は「私」について話し始めた。

「僕と彼女が付き合っていることがバレたら、仕事にも支障をきたしますし、万が一、僕らが別れるようなことになったら気まずくなって、どちらか、あるいは二人とも会社を辞めなければなりませんからね。それに私は再婚ですから」

彼の父親の薫陶《くんとう》があったにせよ、なかなか見事な身の処し方だと私は思った。

彼らの場合は、深く静かに愛を温めて結婚まで辿りついたからよかった。だが、社内恋愛の場合、何千人という社員数で部署も違う、あるいはオフィスも違うということなら問題はないが、彼らの会社のような小所帯では弊害もある。まわりの人間に余計な気遣いをさせることになるし、仕事を進める際に、私情がからんでいると思われることもある。恋愛関係に終止符を打つようなことになれば、何かと面倒なことにもなりかねない。

ちなみに、私は婚外恋愛を否定する人間ではないが、こと、社内の婚外恋愛には反対だ。なぜなら、よほど慎重に行動しないかぎり、絶対にバレるからだ。隠し通せているると思っているのは、当人たちだけということになる。結果、身を滅ぼすことにもなりかねない。

いずれにせよ、「私情」は仕事のシーンには持ち込まないこと。何であれ、「私」をやたらとさらけ出すのはカッコ悪いことだと思っておいた方がいい。

ただし、婚外恋愛であれ何であれ、外で「私」をさらけだして何をやろうが、私はとやかくいうつもりはない。

第3章

短所を生かして、もっと前へ進んで行く

●「不遇」は個性でもあるのだ

ほかの人にはあるのに、それが自分に備わっていないことを羨んだり、恨みがましく思って、そのまま感情を表に出す人間がいる。

出自、学歴、地位、親子関係、その理由は様々。気持ちはわからないでもないが、あまり感じのいいものではない。世の中には、そうした思いをバネに大成功する人もいるが、そんな人には二つのタイプがある。

片方は、成功したことで自分に欠けているものへのコンプレックスから完全に解放される人間。そしてもう一方は、成功したにも関わらず、自分のコンプレックスを引きずったままの人間だ。

前者は貧しかったこと、辛かったことなどをまわりにも話し、笑い飛ばす。自分にはないものを他人に平気でさらけ出し、その経験が今の自分をつくったとプラスに考える。こういう人はまわりからも慕われる。

一方、後者は、それがまるで「被害」であったかのように思い続け、その話題には触れたがらない。他人と比べて恵まれない環境に育ったことは、確かに辛いことかもしれない。だが、いつまでもそれを引きずってしまっていては、幸せになれない。

「あの人は屈折している部分があるから、付き合いにくい」

こういうイメージを持たれてしまうと、まわりの人間から常に距離を置いた付き合いをされる。周囲がその人に対してはまるで腫れものに触るようになってしまうのだ。結果、人間関係を狭めてしまう。

私の知人にもそういう人がいた。あまり詳しく詮索もしなかったが、自分の出自や学歴に強いコンプレックスを抱いていた。だが、彼はユニークな才能と独創的なビジネス感覚で事業を成功させた。私も彼の事業のいくつかに協力したことがある。彼の発想法や仕事の進め方は、常人には真似することのできないもので、私自身も、その才能には舌を巻いたものだ。

しかし、私から見れば、彼には決定的ともいえる短所があった。

・他人を信じない
・イエスマンしかまわりに置かない
・自分が気後れしそうな人とは距離を置く

そういう短所に気づいてはいたが、私自身は腹でものを考えるタイプではないので、彼に対してもストレートに物言いした。

彼の成金趣味のファッションに「ものはいいけど、色とデザインがよくないよ」と意見をいったし、「もうちょっとうまいものを食べようよ」とか「これくらいの料金なら、もっと美人のいる店があるよ」などと、ズケズケものをいっていた。そんなことをいう人間は、私くらいしかいなかったようだ。それがよかったのかもしれない。不思議と私に対しては、彼なりに胸襟《きょうきん》を開いてくれた。

私はストレートにものをいっても、相手をバカにしているのではない。ビジネスを成功させた彼に対して、最大の敬意を払っていた。そのうえで、成功したにも関わらず、彼が人生を楽しんでいないことに苦言を呈したのである。

彼はそんな私を気にいってくれたようだったが、ほどなく不治の病を得て急逝した。

世の中には、成功して、財産も十分にあるにも関わらず、お金の使い方も知らず、人生を楽しんでいるように見えない人が少なくない。ネックになるのが自信のなさだろう。嫉《そね》み、恨みといった被害者意識が成功の原動力だったとしても、成功の暁にはどこかでリセットしなければ、幸せにはなれない。

「いい育ちではないけれど、いい生き方をしてきた」

私の事務所の近所で手広く不動産業を営んでいた八〇代の男性はいう。貧しい家庭に育ち、徒手空拳で上京、学歴もなかったが、苦労の末、事業を成功させた。五年前に社長の座をはえぬきの専務に譲った。

「苦労はしたけど、今があるのはまわりの人たちのおかげ。オレの足りないところを補ってもらったんだよ。だから会社は息子には譲らない」

すでに子どもは独立し、一流企業のサラリーマン。本人は悠々自適。オシャレ、ゴルフ、美食、そして若い女性とのデート三昧の日々だ。

「自分の境遇をハンデと考えるから恨みになる。個性と考えればいいんだよ」

その表情は底抜けに明るい。

●「叱ってくれる他人」には感謝すべきだ

一度叱っただけで、へそを曲げて、叱った人間との距離を広げてしまう人間がいる。そうかと思えば、叱っても叱っても、喰らいついてくる人間がいる。私は後者に好感を覚える。「雨降って地固まる」とはよくいわれることだが、いい人間関係はある種の対立やせめぎ合いを経て築かれるものだと思う。上司と部下、先輩と後輩の関係も同様だ。

「私は、亡くなった先代の社長にものすごく感謝しています」

普段はひょうきんな表情しか見せない証券会社の営業マンがしみじみという。Aさんとしよう。私とは二〇年以上の付き合いだ。証券会社といっても、野村証券とか大和証券といった大手の会社ではない。東京の兜町にある小さな会社だ。いわゆる地場証券といわれる会社である。彼とは以前、私が株式投資の実用書をプロデュースした時に知り合った。

そのとき以来、私はわずかな金額ではあるが、Aさんを通じて株式投資を始めた。億単位、あるいはそれ以上の資金を運用するなら大手や中堅の証券会社を通じてやるのもいいが、小遣い程度の資金なら、小さな証券会社の方が便利というのが私の持論だ。投資の相談にも乗ってくれるし、こちらの売り買いの注文にもスピーディに対応してくれる。

そのAさんだが、母子家庭に育ち、奨学金とアルバイトで大学を卒業し、今の会社に入社した。

「社長から仕事のイロハはもちろん、ネクタイの締め方、お辞儀の仕方、電話の応対、箸の持ち方、洋食のマナーまで、口うるさく叩き込まれました。僕にとっては、まさに父親のような存在でした」

入社したての頃は、正直なところ「何でこんなにうるさいんだ」と思ったという。

社長は自分を嫌っているとさえ感じ、反発心が高まったこともあったそうだ。

「ところがね」

Ａさんは続けた。そんなＡさんの思いとは別に、社長はＡさんの上司に「Ａは見どころがある」と高く評価していたというのである。その話をしてくれた上司は「誰かに叱られなくなったら、おしまいなんだよ。それに叱られる方より、叱る方が辛いんだよ」とＡさんを励ましてくれたそうだ。

「ダメな社員なら、放っておいたっていいはずですよ。その方が楽でしょう。嫌われたくないという人間なら、そうします。それを口うるさくいうんですよ」

Ａさんも仕事を覚え、社会人としての常識を身につけていくうちに、社長への感謝の念が芽生え始めたという。

「よくいわれることですが、叱ることと怒ることは違うんですよね。怒られたと感じて相手を恨んだらそこでおしまいですよ。僕は社長に叱られることで成長してきた人間です」

Ａさんはそう結論づけた。

「叱ってくれる人を持つことは大きな幸福である」

これは松下幸之助氏の言葉だが、この言葉を引くまでもなく、間違っていることを叱ってくれる上司は大切な存在なのである。何であっても叱られないということは、叱る価値さえないと判断されて、相手にされなくなっている可能性もある。そのような状態は避けたいものだ。

「ああ、これだけはいっておかなければ……」

どんなに親しい相手でも、そう思うことはある。付き合いも長く、仕事のパートナーとして評価している人間でも、見過ごすことができないような言動があれば、意を決して叱ることがある。叱る方は辛い気持ちにはなるが、それが年長者の使命であり、何よりもこれからも付き合っていきたいと願うからである。

自分自身、何でもかんでも文句をいう人間ではないと思っているが、「ならぬものはならぬ」という姿勢は崩したくない。付き合いが長いからとか、悪い人間ではないからといった理由で見逃してしまうと、せっかくのいい関係に傷がつく。関係を大切にするから、そして相手のためを思っているからこそ叱るのである。

そこでへそを曲げるような相手なら、それはそれで仕方がない。私は「なあなあ」な人間関係を好まない。

今長くお付き合いさせてもらっている仕事のパートナーや友人、知人でも、何度かは注意したり、叱ったりしたことのある人間ばかりだ。逆にこちらが注意されたり、叱られたりしたこともある。自分に落ち度があれば、相手が年少者であろうと私は素直に受け入れる。

ここは「注意しなくては」とか「叱らなくては」と感じるきっかけはさまざまある。実際のところ、仕事に直接関係することなら、さほど辛くはない。だが、社会人としての基本的な常識やマナーなどについては、注意したり、叱ったりするのはやはり気が重くなる。本来、社会人相手に叱咤する事柄ではないからだ。

指摘される相手にとってもダメージは大きいだろう。「清潔にしなさい」「静かにものを食べなさい」「丁寧に字を書きなさい」「言葉遣いを考えなさい」などというのは、私にとってもストレスになる。だが、誰かがいわなければ、いつかその人間が恥をかくことになる。私はわが子を叱るような気持ちでいっているつもりだ。

「箴言《しんげん》」という言葉がある。由来はユダヤ教とされ、様々な徳や不徳、日常における知恵や忠告などをまとめたものだ。ソロモン王をはじめとする賢人によってつくられたとされている。

箴言というほど格調高いものではないにせよ、いくつになっても、叱ったり、注意の言葉をかけてくれる人がいるということはありがたいことだ。その言葉に耳を傾ける姿勢は忘れたくないもの。それができない人間には、欠点の克服はおぼつかない。

●「裏方」が「花形」になることもある

「営業がやりたくて会社に入ったのに、総務部に配属になりました」

二年ほど前のことだ。遠い親戚にあたる青年がちょっと寂しそうな表情でいった。地方の国立大学を卒業し、都内の中堅商社に入社した。就職祝いということで食事に招待した時のことだ。

「雑用とはいいませんが、裏方の仕事で、何か盛り下がっちゃって……」

頻繁に行き来をする間柄でもないし、それ以前に会ったのは五年以上も前のこと。お祝いの席だから「とにかく三年くらいは我慢してごらん」という言葉にとどめておいた。落胆する気持ちはわからないわけではないが、入社早々は営業の仕事も総務の仕事も何も知らない身なのだから、まずは一つ一つの勉強しかない。

「どんなことも、とにかく三年やってみる」

それが私の持論だ。「石の上にも三年」である。

そもそも「雑用」という言葉は間違っている。仕事のプロセスにおいて「雑」なる仕事など存在しない。

自分がやるのではなく、ほかの人間に代行してもらった方が会社のためになる仕事というものは確かにある。だからといって、その作業が「雑用」であるわけではない。組織においては、業務を効率的に進めるための「分業」なのである。私は雑用を手際よくこなせる人間は仕事ができると思っている。なぜなら雑用にはマニュアルがない。ほとんどが応用問題だからである。

企業の部署について、「僕は経理ですから」「僕は商品管理ですから」などと、その会社の花形の部署に配属されなかったことを自嘲気味にいう人がいる。私が属している出版界でも「私は編集ではありませんから」と同様の思いを口にする人間もいなくはない。だが、仕事に優劣はないのだ。

世間から見て裏方と思われている業務でも、奥は深い。見直すべき点を見つけて改善し、その業務を高度なレベルに高めてゆく余地はどこにでもある。

その一つの例が関西空港だ。

新関西空港株式会社が二〇一五年四月に発表したところによると、旅行者が飛行機に預ける荷物の取り扱いで、関西空港が「世界一位」の評価を受けたのだ。朝日新聞デジタルが伝えている。

「イギリスの航空サービス調査会社・スカイトラックス社の荷物取り扱い部門のランキング。同社は一三〇〇万件を超える旅行者アンケートをもとに、一一二カ国・地域の約五五〇空港を対象に、二〇部門のランキングを毎年公表している。

新関西空港株式会社によると、関空での作業が原因となる荷物紛失（ロストバゲージ）は一九九四年の開港以来ゼロを続けている。また、飛行機を降りた後に荷物を受け取るまでの時間の短さ、旅行者が取りやすいように持ち手をそろえてターンテーブルに置くなどの細かなサービスも評価された、と同社はみている」

この報道を受けてのことなのだろう。後日、テレビの報道番組で関西空港の荷物の取り扱い業務を取材していたが、担当者の奮闘ぶりは、日本人として誇らしく感じた。

飛行機が到着すると速やかに荷物を降ろし、乗客が待つ受け渡し場の裏側でターンテーブルに乗せるのだが、実に扱いが丁寧だ。乱暴に投げたりすることはない。それどころか、スーツケースの取っ手も乗客がピックアップしやすい向きに瞬時に変えている。こんな些細なことが、仕事をグレードアップさせるのだ。

「あっという間に荷物が出てきた」「ほかの空港では考えられない」「信じられない」「日本のおもてなしの文化がわかった」など、外国人旅行者は目を丸くしての絶賛である。飛行機が着陸してから二〇分以内に荷物がターンテーブルの上を回っているのだから、その迅速《じんそく》さは驚くべきものだ。

そればかりではない。荷物の行く先を示すシールを素早く読み取り、乗り換えの荷物はターンテーブルには乗せない。そして、乗客が乗り換え便にチェックインしたことを確認した後に、その便に直接荷物を運ぶのだ。

こうした担当者のきめ細かい仕事によって、一九九四年の開港以来、ロストバゲージはゼロを更新し続けている。私は何度も海外旅行をしているが、ロストバゲージの経験こそないものの、三〇分以上ターンテーブルの前で自分のスーツケースが出てくるのを待った経験がある。着陸から換算すれば、ほぼ一時間近いわけだからたまらない。スーツケースが裏返しにされて出てくることも少なくない。それに比べて関西空港担当者の手際のよさ、丁寧な仕事ぶりはまさに見事なのである。

プロ中のプロの仕事だが、多岐にわたる空港運営の仕事の中では、手荷物扱いの業務は裏方の仕事かもしれない。だが、そうした作業に対して担当者が創意工夫を凝らし、素晴らしい完成度をもたらしたのだ。これはクリエイティビティそのものである。旅行者の絶賛ぶりが示すように、もてなし＝ホスピタリティが関西空港の評価に大きく貢献することになったのだ。

仕事に「主」も「従」も、そして「雑」もない。担当者のプロの仕事ぶりをテレビで見ていて、私はこう思ったものだ。「裏方の彼らこそ、花形である」と。

●「気が小さい自分」をどうすればいいか

気が小さい人は、自分の本性を隠したがるし、何事につけても断定的なことはいわないものだ。会話していても相手の目をまともに見ることもない。うつむき加減であったり、目をそらしたりする。

「思っていることをいってみたら」など、こちらが明確な意見を求めたり、事実関係を確認したりすると、沈黙してしまう。場合によっては、顔を紅潮させたり、涙目になっていたりする。こちらは詰問しているわけでも、責任を問うているわけでもないのだが、当の本人はそう感じてしまうのだろう。

高卒であるメーカーに入社したS君は、一カ月くらいたったある日、上司からこういわれた。「キミ、人に会って話をする時は、できるだけ相手の目を見て話すようにしなさい。最初はなかなか慣れないかもしれないが、そのうち長く見ていられるようになるよ」

気が小さい彼は、話をする時にどうしても相手から目をそらしてしまう。それを直そうとした上司の適切なアドバイスだったのだ。

気弱だと、話をしても長い間、相手の目を見つめていることはできなくなる。相手の目を見つめることを意識しているうちはまだダメ。慣れてくると、それを意識しなくても相手の目を見て話せるようになるものだ。

生まれつきの性格や育った環境など、その原因は様々だろうが、気弱な人はさまざまな場面で、正面から人と向き合うことを不得手にしている。正面から向き合わなければ厄介なことに巻き込まれないですむと思っているのかもしれない。だが、そんな生き方をしていたら、人付き合いも楽しくない。真剣勝負とまではいわないが、正面から他人に対峙しなければ、相手もそれなりの対応しかしなくなってしまう。

気が小さい人はこんな特徴を持っている。

・決断力がない
・不安過多
・対立を嫌がる
・勇気の欠如

もちろん、そんな人は反対に「人に優しい」「寛容である」「神経が細やか」というい面を持っている。だが、時にこの性格は「自分を隠す」ことになりかねない。気が小さいために、自分の意志が周囲に伝わらないこともある。それではつまらないではないか。

なぜ自分を隠すかといえば、傷つくことを怖がる気持ちが大きいからだろう。だが、その気持ちと表裏一体なのが、自分をよく見せたいという気持ちである。気が小さいことを言い訳にして言動を控えていれば、傷つくこともないし、バカにされることもない。これは偏った自己愛ともいえる。我が身可愛さのあまり、自分を前面に出せないのなら、何のために生きているのかもわからない。

気が小さいという今の自分の性格を、一朝一夕に変えることはできないだろう。しかし、そんな自分を素直に受け入れて、少しでも自分を前面に出すようにすべきだ。実際に自分が思っているほど相手は自分のことを見ていないし、それほど関心も持っていない。そのことを肝に銘じることだ。自分の意志や立場を決める、反対されることを怖がらない、そして実行する。もっとシンプルに考えてみてはどうだろうか。自分の人生なのだから、ときに自分を前面に出してみればいい。

もちろん、気が小さい人にとっては、まわりに対して異論を述べたり、反発したりするのは勇気がいることだと思う。だが、よく観察してみると、こういうタイプの人はまわりに同調することに関しても、控えめであることがわかる。

それならば、まずは同調したり、賛同したりする姿勢だけでもきちんと示すことから始めてみればいい。「なるほど、その通りですね。私もそう思います」くらい口に出してみるべきだ。ただ黙っているだけの自分から脱皮することだ。

まわりの人の発言に対し、「イエスのボール」を投げることから始めればいいのだ。これはいわば初心者コースだが、実践していくうちに自分を出すことが少しずつ苦ではなくなる。そうすることによって、まわりが自分を見る目も変わってくるし、キャッチボールの相手として認めてくれるようになる。やがて、控えめではあっても、異論や反対意見もいえるようになる。今までできなかった新しいコミュニケーション術が身につくといっていい。まずは「自分を出す」練習から入ればいいのだ。

何度もいうが、あれこれ考えずに、自分を素直に出してみること。それもその場ですぐにやること。同調のメッセージも、あとからでは相手に対する効力が弱くなる。

「兵法に複雑な策略などいらない。もっとも単純なものが最良なのだ。偉大な将軍たちが間違いを犯してしまうのは、難しい戦略を立てて、賢く振る舞おうとするからだ」

ナポレオンの言葉だ。心の中であれこれ考えすぎず、もっとシンプルに自分を出すことで、気の小さい性格も変わっていくのではないだろうか。

自分を出さなければ、傷つくこともバカにされることもないかもしれないが、人付き合いの楽しさを知ることもない。自分を出せば、より人付き合いも楽しくなっていく。

●「人嫌い」は本当は「人好き」なのだ

「人付き合いが苦手」という人は、考えようによっては同情の余地もあるが、「人嫌い」となると、ちょっと厄介になる。

個人的に付き合わなくてすむならいいが、会社の上司やビジネスパートナーなど、付き合いを避けて通れない相手が人嫌いだった場合は辛い。だいたい、本心からの人嫌いなら山の中で一人で生活するしかないではないか。

人嫌いのもとにあるのは、「自意識過剰」なのかもしれない。

その意味では、人付き合いが苦手というタイプとは別だろう。人付き合いが苦手な人は、それを自分の短所だと自覚していて、直せるものなら直したいと感じている。一方、人嫌いな人はそれを欠点と自覚していないし、直そうとも思っていない。

人嫌いは、他人に対して挑戦的ともいえる。そこが困る。

・自分は間違っていない

・人付き合いがうまくいかなくても構わない
・うまくいかないのは相手の問題

こういうスタンスなのだ。だから、人付き合いにおいて協調性など持ち合わせていない。自分の言い分をそっちのけにして、相手の言い分に耳を傾けることをしない。少しでも自分の意見を通せない状況になると、すぐに不機嫌になってしまう。

つまり「お山の大将」なのである。まわりの誰もが自分を立ててくれて、気持ちよく主張が通る空間でしか生きられないのだ。「ホーム」で気分よく生きることばかりを望んで、「アウェイ」で生きることを拒んでいるようなものだ。

「オレは人嫌いだ」

そう公言して憚《はばか》らないのも異常だが、現実には、自分を気分よくさせてくれない人間が嫌いなだけなのだろう。これもまた、客観的な視野や謙遜《けんそん》の姿勢を欠いた自意識過剰の別バージョンである。

本人がそれを欠点だと思っていないだけだ。付き合う方としては骨が折れる。社内の人間なら、上司であれ、部下であれ、少数派ということで放っておいても何とかやっていけるかもしれないが、取引先の人間、重要な客ということになれば、適切な対応を考えなければならない。

だが、こういうタイプを攻略するのは、実はそう難しくない。

相手がどんなに不快感を示そうが、自分を遠ざけようが、何食わぬ顔でどんどんこちらからアプローチし続けるにかぎる。

なぜなら、こうした「人嫌い」は、本当のところは「人好き」の要素を持っているからだ。人が好きなのに、うまく人とコミュニケーションする術を身につけていなかったり、その努力を怠っていて人嫌いになっているだけなのだ。

そのネックになっているのが自意識過剰であり、極端なプライドの高さなのだ。だから、とりあえずそこを満足させてあげれば、人嫌いの態度は消えていくだろう。

「人嫌いといえば、お金持ちが多いですね。でも、そんなお金持ちが、私のお客さんになってくれました」

知人の証券マンがちょっと自慢していた。証券マンといっても、大手証券会社のエリート社員ではない。前にも述べた東京・兜町の小さな地場証券会社の歩合セールスマンだ。サラリーマンではなく、株式の売買手数料を証券会社と一定の比率で分け合うことで生活している。

歩合セールスマンといっても、ピンからキリまである。客との信頼関係で、数億円から何十億円という資金を任せられるセールスマンもいれば、上客がつかめずに四苦八苦しているセールスマンもいる。

私の知人のセールスマンは前者である。年に数回の売り買いで、億近い手数料を稼いでいる。

彼がいう人嫌いの客の話は、以下のようなものだった。

ある人の紹介で、一度だけその人嫌いのお金持ちに会いに行ったのだが、けんもほろろの対応だったという。それでも諦めずに何回も電話をかけたりしたが、対応は変わらなかった。

ところが、一年ほど経った時、彼が知り合いと居酒屋で飲んでいると、そのお金持ちが店の片隅で一人酒を飲んでいる姿を見つけた。お金持ちにはふさわしくない大衆店だが、私生活では質素な暮らしをしている大金持ちも少なくない。

「〇〇さんですよね。その節はありがとうございました」

一年前に冷たくあしらわれたことなどおくびにも出さず、彼は挨拶した。声をかけられたお金持ちは驚き、一瞬うれしそうな顔をしたが、すぐにいつもの仏頂面に戻った。彼は株の話などひと言も出さずに会話し、その場を去った。

ところがである。

翌日、彼の携帯電話が鳴った。そのお金持ちからである。株を買いたいから家に来てほしいとのことだった。さっそく会に行くと、一年前には見せたこともない優しい笑顔で迎えてくれたという。

「キミに任せるよ」

話はとんとん拍子に進み、数千万円の株購入が決ったのだという。

「本当の人嫌いなんていませんよ。不器用でプライドが高いために、うまく付き合えないだけなんです。口には出さないけど、自分の短所はその人自身が一番よく知っているんです。だから、『私はそんな短所に気づいていません』と徹底的に演じることですよ」

彼にいわせれば、「私はあなたに関心があります」「私はあなたが好きです」「私にとってあなたは特別な人です」、その三つを言葉や態度で示してあげれば、人嫌いの殻は簡単に破れるというのだ。

「人嫌いほど、人好きなんです」

彼の話を聞いて、私は感心した。

「脱皮できない蛇は滅びる」

これはニーチェの言葉だが、人嫌いという短所を持っている人は、本当は人好きなのに、人嫌いの殻を破れずに苦しんでいるのかもしれない。

人として生まれてきたからには、殻に閉じこもったままの人生ではあまりに窮屈《きゅうくつ》だろう。人嫌いにかぎらず、人と付き合うのが苦手な人は、過剰な自意識、高すぎるプライドを何かのきっかけで捨てることも大切なのだ。

まわりの人も、「あの人はとっつきにくいから」などといって放っておかずに、人助けと割り切り、人嫌いの殻を破りやすくしてあげればいい。場合によっては、知人のセールスマンのように、突然、打ちとけるようになるかもしれない。

●よく「すみません」を口にする人はこんな性格

「『すみません』が口グセなんです。それに、自分では悪いと思っていないのに、ちょっと強くいわれるとすぐに謝ってしまうんです」

オフィスのパソコンが不調で、修理に来てもらった三〇代半ばの男がそういった。こちらはメカに弱いものだから、何度も質問するのだが、そのたびに「すみません」といわれる。叱るつもりは毛頭なかったので、「『すみません』はいらないよ」とひと言。もちろん、冒頭の言葉の前にも「すみません」がもれなくついてきた。

世の中には、「すみません」が口グセの人は少なくない。必ずしも謝っているわけではないのだが、この言葉を頭に持ってくることでコミュニケーションを円滑にしようというつもりなのかもしれない。このタイプは総じて、優しく、気の弱い人が多い。
確かに、日本語の「すみません」は便利といえば便利だが、あまりにこれを乱発すると相手から軽んじられることもある。俗にいう「ナメられる」だ。こちらに過失はないのに、商品の売買や交通事故などで、何気なくこの言葉を使ってしまうと、後になって補償交渉などの際に不利になることもあると聞く。

海外で口にしてはいけない言葉の一つが「I'm sorry」である。「Excuse me」が日本語の「すみません」に相当し、「I'm sorry」は自分の非を全面的に認める言葉なので、これを使うと裁判などでは絶対的不利な立場に立たされる。
数年前のことになるが、アメリカでトヨタ車の欠陥による事故が指摘された時にもこれが問題となった。事故原因の究明がなされる前に、アメリカ議会の公聴会で「apologize（謝罪する）」という言葉を豊田章男社長が口にしたことで、トヨタは過失を認めたことにされかけた。後にドライバーの操作に過ちがあったとされて大きな補償は免れたが、謝罪の言葉はＴＰＯを心得ないと命取りになりかねない。特に海外では、重い言葉になる。

だが、すぐに「すみません」を口にするようなスタイルも一概に悪いとは思わない。

対人関係を円滑に運ぶには、便利な言葉だといえる。相手にナメられる場合もあるにはあるが、相手に対して高圧的ではないことを表明するサインにもなるからだ。

買い物や食事の際はもちろん、旅行中、駅や空港で係員に何かを尋ねたい時など、「すみません」は丁寧な印象を与えるし、便利である。「おい」とか「ねえ」と呼びかけるより、相手がフレンドリーに接してくれることは間違いない。もっとも、こちらが「すみません」と呼びかけても、「少々お待ちください」とマニュアル通りに冷たく応じられることも最近は多くなった。大して忙しそうでもないのに、である。

パソコン修理に来てくれた彼自身は、すぐに「すみません」を口にするのを何とか改めようとしていたが、この「すみません体質」を仕事に積極的に利用している人間もいる。

イベント会社で働く二〇代後半の青年だ。私の講演会をプロデュースしてくれたのをきっかけに親しくなった。年に数回、一緒に食事をする。若い世代、異業種ということで、興味深いエピソードや新鮮な情報を教えてくれるいい相手である。

「『すみません』は、おそらく一〇〇回以上、頭を下げるのはそれ以上です」

彼はケロリという。イベントの当時はもちろん、事前の打ち合わせなどでは、とにかく「下手《したて》に、下手に出る」のだという。

彼の会社がプロデュースするイベントは、有名芸能人や財界人、文化人をキャスティングすることが多い。もちろん、社会的マナーを身につけていて、彼のような裏方のスタッフにも誠実な態度で接してくれる人も多いのだが、ちょっと手強い人もいる。ここでいう手強いとは、「威張る」「わがまま」「無理難題をいう」人たちである。

彼自身、もともと「すみません人間」だったというが、よくよく考えて、このクセを生かすことを思いついた。何度か手強いゲストに接しているうちに、「下手に出る」ことで仕事がスムーズにいくことに気づいたというのだ。

「手強い人は、上から目線で生きています。そういう人と真っ向から戦っても勝ち目はありません。弱気を見せて下手に出て、相手を気持ちよくさせないとダメなんです」

だからといって、彼らのわがままの言いなりになるわけではないという。彼が挙げた、手強い人間の操縦ポイントがいくつかある。

・下手に出るが、自分は主張はする
・バカに見せかけて賢く行動する
・お世辞はもっともらしく真顔でいう
・頭はいくらでも下げる

これらをまとめるなら「強い心で弱気を演じる」だろう。「損して得取れ」ともいえる。

「手強い人は、この操縦法さえ間違えなければ、意外なほど扱いやすい人になります。『すみません』ですんじゃうことって多いですよ」

舌をペロリと出して、彼はいった。私は尋ねた。

「もともとの気の弱さはどうやって克服したの？」

彼は答えた。

「失敗を恐れないこと。叱られ慣れること。まわりの目を無視すること。この繰り返しです。野球の練習でいえば一〇〇〇本ノックですよ」

そうすると、知らず知らずのうちに、弱気の虫がなくなっていくのだという。

「どんな虫けらだって、踏みつけられれば、『何を！』という格好をするものだ」

『ドン・キホーテ』の著者セルバンテスの言葉だ。

彼は考えた末に「強い心で弱気を演じる」というスローガンを掲げてトライし、そして何度も踏まれることで弱気の虫を退治したようである。

●行動する前から「あれこれ」考えるな

「きれいな女性ですね」

よく見ていなかったが、確かにきれいな女性だ。イタリアンレストランで食事をしながら打ち合わせをしていた時のこと。還暦をとっくに過ぎた友人の独身男性が照れくさそうにいう。オーダーを取りにきた女性が気になるようだ。

「私に向かっていって、どうするの？　直接、彼女にいってみたら」

余計なことをいってしまったかもしれない。その友人は穏やかな性格で、万事控えめ、仕事の進め方も真面目で、かれこれ三〇年近い付き合いだ。だが、こと女性に関しては控えめな性格が災いしてか、とんと縁がないようだ。

些細な出来事だが、その原因がわかった気がした。私なら「あなた美人だね」くらいのことは、その場でいってしまうが、彼にはそれができないのだ。

「気を悪くしないか」「軽蔑されたらどうしよう」「恥ずかしい」などなど、引っ込み思案の男性はたいていそう思っている。彼も同様だろう。もちろん、レストランで係の女性に声をかけなかったことをたしなめているわけではないが、彼は女性との出会いのあらゆるシーンでこのようにためらってしまうのだろう。

これでは、なかなか女性とお近づきにはなれない。「女性との縁に恵まれない」と彼は折に触れて嘆くが、私からすれば、それは本人の問題としかいいようがない。縁は恵まれるものではなく、自分でつくるものだということが、彼にはわかっていない。もしかしたら、女性の方がアクションを起こすのを待っているのだろうか。確かに、世の中には女性が放っておかないほどの容貌、雰囲気を持っている男性もいるが、残念ながら彼にはそれが備わっていない。

結論からいうと、彼が女性との縁をつくれないのは、考えすぎなのだ。犯罪でも何でもないのだから、もっと軽く話しかけるだけでいい。私ならこう考える。

・気を悪くしないか　↓　普通に話しかけて気を悪くしたのなら、しょうがない

・軽蔑されないか　↓　軽蔑されるようなことではないが、そう思われたならしょうがない

・恥ずかしい　↓　恥だとは思わないが、そう思われたならしょうがない

「しょうがない」

これでいいではないか。結果を恐れてばかりでは何もできない。行動する前からあでもない、こうでもないと考えていると、人間は不安材料ばかりを見つけてしまい、自信をなくす。その結果、いざ行動を起こしても、言葉、表情、振る舞いがスマート

ではなくなる。思いつめた顔、不自然な言葉、ギクシャクした動き……。せっかくアプローチしても、すべてが「重く」「暗く」「湿った」感じになってしまうのだ。女性はこの重くて、暗くて、湿った雰囲気をもっとも嫌う。

「下心があると思われる」

冒頭の男性が明かした、なかなかアプローチできない理由に私はちょっと驚いた。

「誰だって下心はあるでしょう。それは当たり前のことだ」

私はそう答えた。アプローチするなら、それ以上の展開を願うのは当然なことではないか。何が悪いのか。もっといえば、女性にも立派に下心はあるのだ。その下心の蓋をさりげなく上手に開けてあげるのが男の役目なのだ。

「軽挙妄動《けいきょもうどう》」という言葉がある。辞書を引くと、「軽挙」は深く考えずに行動すること、「妄動」は分別なくみだりに行動することとある。仕事のシーンでは許されることではないが、女性へのアプローチには欠かせないことと思っておいた方がいい。

「どんな女でも、本気になって口説くことを決心した男にはなびかずにはいられないように、人生というものも、それを元気よく口説く人間には、その最上のものを提供せざるを得ないものだ」（アレクサンドル・デュマ）

●過去は「許す、諦める、忘れる」しかないのだ

「夫の過去の浮気が許せません。どうしたらいいのでしょうか」

新聞の人生相談などではよく見かけるが、同様の相談が、私のもとにも舞い込んだ。六五歳の女性からである。私の本の読者のほとんどは男性であるが、時たま女性読者からの手紙やメールも届く。『大人の「男と女」のつきあい方』などの私の著作を読んだ方からだった。相談によれば、夫の浮気は二五年も前のことだという。

にわかに信じられなかったが、この女性の執念深さには驚いた。夫婦のことだから、私はその夫をかばうつもりもないし、妻を責めるつもりもない。だが、第三者である私にそういう相談をしてくる心理がわからなかった。私の場合もそうだが、長く暮らしていればどんな夫婦にも何かしらの波風は立つもの。離婚をしない以上は、様々な方法でお互いに折り合いをつけていくのが普通だ。それを二五年も経過したにも関わらず、許せないとはどういうことなのだろう。忘れることはできないのか。それとも女の執念なのか。

少々考えて、シンプルな回答を出した。

「許す、諦める、忘れる。それができないのなら、別れなさい」

これである。人間は許すこと、諦めること、忘れること、つまり起こってしまった

ことに蓋をするのも必要だと思う。とにかく引きずらないことが自分のためになる。離婚することも、蓋をする一つの方法ではないか。年齢に関係なく、これも決断としては悪いことではない。

この相談者は浮気をした夫への恨みに、どう落とし前をつけるかで悩んでいるのだが、引きずっているのなら、とにかく決断すべきだと考えて私は回答した。その後、この女性がどんな選択をしたかは定かではない。もし離婚したとしても、忘れることができないなら、もう一度相談が舞い込みそうだが。

この女性のように、成功であれ失敗であれ、すんでしまったことを思い出しては、くどくどという人間がいる。私は過去の手柄話も、失敗話も聞くのは好きではない。特に、過去を振り返って、ああすればよかったとかこうすれば違っていたとかいう話は聞きたくもない。過去の失敗の原因を精査して、将来への教訓として話すのは結構なことだと思うが、悔やむばかりの話は時間の無駄以外の何ものでもない。

「禍根《かこん》を残す」という言葉があるが、物事が終わった後もわだかまりの原因となるものを残しておくと、後に禍《わざわい》を再燃させてしまうことになる。そうならないために、不満はその場で絶つことが必要だと私は考えているのだ。

過去の失敗、出来事への怒り、やらなかったこと、やれなかったことについての話などとも同様で、きちんと反省したら、それ以上はグダグダいわないにかぎる。

「It is no use crying over spilt milk」

「こぼれてしまったミルクについて泣き叫んでも無駄だ」という英語のことわざがある。「覆水盆に返らず」である。過去に起こってしまったことを起きなかったことにはできないし、やらなかったことをやったことにはできないのである。そのため、過去をいつまでも引きずっているなら、許す、諦める、忘れることでリセットするのが一番いい。

たとえていえば、人生においては、一度描いた油絵を再び描き直そうと考えない方がいいということだ。

希望の大学に行けなかった、いくつになっても夫婦の折り合いがつかないなど、過去の痛みにしがみついていつまでも嘆いていても、何も始まらない。いかに頑張ってみても、白いキャンバスには戻らないということだ。過去をなかったものにはできない。

それならば、過去には蓋をしてしまって、未来という新しいキャンバスに別の絵を描く方がいい。過去の絵画には目もくれず、「それはそれ」と諦めて、忘れてしまうのだ。安倍首相の積極的平和主義をもじっていえば、「積極的諦念《ていねん》主義」とでもいおうか。どうすれば新しいミルクが手に入るかを考えて、行動することだ。その出発点が諦めること、忘れることだ。床にこぼれてしまったミルクをなめるような人生は、みっともない。時間を取り戻すことはできないが、もう一度チャレンジすることはできる。何歳であろうが大学入試に挑むこともできるし、離婚して新しいスタートを切ることもできるのだ。

「多くの忘却なくしては人生は暮らしていけない」(バルザック)

忘れることには効用もあるのだ。とはいうものの、私の忘却力は人並み以上で、仕事にはずいぶんと生きていると思うが、家ではケンカのもとになることがしばしばある。

●「人付き合い」にこそお金を使うべきだ

「年金制度もあてにならない。将来のことが不安で、倹約と貯蓄に懸命です」

二〇代読者からこんなメールが届いた。一人暮らしの会社員だが、スーパーのチラシをくまなく見て、一円でも安い店で買い物をしているという。確かに、高度経済成長の時代を経験したわれわれの世代に比べて、今の二〇代を含めた現役世代の未来が不透明であることは間違いない。メールによれば、人付き合いもほとんどしないという。新聞を購読しているようだから、世捨て人ではないらしい。せめてもの慰めだ。

その読者に、社会環境の厳しさを承知のうえで、私はこう答えた。

「会社で働いて、食べて、寝ているだけの人生では、何のために生きているのかわからない。三〇代半ばまでは、貯蓄する分を人付き合いや自分のスキルアップのために使いなさい。そして、もっと稼げる頭をつくることに力を入れなさい」

これからは終身雇用に寄りかかって生きていくことは困難になる。そういう社会にあっては、今は会社に籍を置く人間であっても、転職、独立を選択肢に入れておくべきだ。そのためには、会社以外での自分の可能性を探ること。ソニー、シャープなどの例を見れば、大手一流企業でさえも一〇年後、二〇年後はわからない。そんな状況になった時、役に立つのが自分のスキル、そして人脈である。人付き合いへの投資を惜しんではいけないのだ。

私の知人の男性は、人脈づくりの天才ともいえる。

彼は四〇代半ばで、結婚もしている。子どもも二人いて、しっかり家庭を持っているのだが、毎日、家に帰っているのかどうかわからない。ある大手家電メーカーの広報部で働いている。かなり前のことになるが、その企業が主催した講演会に招かれ、話をさせていただいた。それ以来の付き合いで、年に二、三回食事をする間柄になった。

業種はまったく違うが、私の執筆活動には欠かせない、いわば知恵袋のような存在だ。本の執筆はもちろん、雑誌、広報誌の短いエッセイ、テーマがあらかじめ決まったインタビューなどの際、準備として私が不案内なジャンルのことを尋ねたりする。人探し、店探しの時にも連絡する。すると、的確な情報を教えてくれる。自分の手に余るようなリクエストの場合は、そのことに詳しい人を紹介してくれたりもする。

彼とは携帯電話でやり取りするのだが、かなり遅い時間でも家にいることがない。電話の向こうから、まわりの人間の声がいつも聞こえる。

「仕事といえば聞こえはいいんですが、他人に会うのが好きなんですよ」

平日はほとんど、まっすぐ家に帰ることはないらしい。広いネットワークを持っているためにお誘いも多く、自分でも声をかけて人に会うようだ。いくつかの異業種交流会を知人と共同で主催し、時々学生中心のサークルにも顔を出すらしい。

「家族には申し訳ないんですが、人と群れるのが好きなんですよ」と説明する。私自身、知らない人に会うのは好きだが、「群れる」ことはあまりしない。だが、彼は広範囲の人たちと群れることで、幅広い知識を吸収しているようだ。

人にはそれぞれの生き方のスタイルがあるから、非難がましいことをいうつもりはない。特に彼のように公報という部署で働く人間にとって、年齢、性別、業種や社会的地位を越えた人たちとの交流は必要なことなのだろう。大手家電メーカーの社員として、マーケティングにも役立つし、消費者意識の調査にもなる。そうして得た情報をもとに、自分の本職である広報の仕事にも役立てているのだという。

しかし、連日の付き合いだから、体力もさることながら、出費も気になるところだ。

「ある程度までは会社で認めてくれますが、自腹も切らなきゃなりません。でも、私は自分のスキルアップのための必要経費だと思っています。おかげで、安くて、美味しくて、雰囲気のいい店をたくさん開拓できましたよ」

今のところ「五時から生活」のスタイルを変えるつもりはないようだ。

「とにかく真面目に働いていれば、会社から給料はもらえる。会社をベースにして、会社の経費や自分の名刺を利用して、人脈がつくれる。情報も得られる。そういうなかで、会社に完全依存しない自分をつくろうと思っています。言葉は悪いですが、頭と会社は使いようです。使い倒せばいいいんですよ」

私も同感である。私自身、新聞記者時代は人付き合いにずいぶんとお金を使った。幸い、アルバイトは黙認だったから、給料は全部家に入れて付き合いの金はアルバイトで賄《まかな》った。そこで培った知識、知恵、人脈が、独立後に実に役立った。特に、出版プロデュース業のほとんどの成功は、そこでの人脈によるものだといっていい。「人脈というのは、いわば偏差値であってレベルの高い人のまわりにはそれだけの人が集まる。そしてその欠点をカバーしてくれる仲間を持つ。自分の波動を変えたいと思うなら運のいい人に近づくことだ」

現パナソニックの創業者、松下幸之助氏はこんな言葉を残している。現役時代の人脈づくりは、色々な意味で人生に大きな利息をもたらす貯蓄活動だと思えばいい。「お金を残さないで人脈を残せ」である。

●人を羨《うらや》んでいいことは何もない

人によって、他人を羨む動機は様々だろう。容姿、お金、地位、家庭、健康など、自分に備わっていないものを持つ人を羨む気持ちは多かれ少なかれ誰でも持っている。他人を羨む気持ちそのものは、悪いとはいえない。

そして「自分もあんなふうになりたい」と思うことが、自分の目標になることもしばしばある。プロ野球やプロサッカーのスタープレーヤーを見て、「自分もああなりたい」と感じ、一生懸命練習してその夢を実現する子どもたちもいる。そんなふうに、自己実現の原動力になるような羨望《せんぼう》は健全なものといえる。

だが、羨望をプラスではなく、マイナスの感情を生むための原動力にしてしまう人もいる。その感情とは、「羨ましい」が高じての「嫉妬」である。

嫉妬は、その二つの文字に「女偏」がついている。このことから女性の専売特許のように思われがちだが、私の経験からいうと、男性のそれもなかなかだと思う。

男性からの嫉妬を経験したのは、私が新聞記者としてサラリーマン生活を送っていた時のことだ。その嫉妬心の強さに閉口したのは、当時の上司だった男だ。

私を含めた部下がスクープ記事をものにしたりすると、表面上は褒めたり、労をねぎらったりするが、陰ではその担当者についてあることないことをいい回るような人間だった。

そんな行動の動機がどこにあるのか、被害に遭った私も同僚も本人に聞けるわけがない。想像するに、その原動力は仕事ができる部下に対する嫉妬心だったと思う。先輩であり、上司なのだから、部下の仕事の成果を喜べばいいだけの話なのだが、それ以外の部分でも、部下に対して様々なコンプレックスを感じていたらしい。ひと言でいえば、非常に屈折した精神の持ち主だったのだろう。

彼の場合、自分と比較して、様々な部分で部下が自分よりも勝っていると感じていたのだろう。いつ自分の地位を脅《おびや》かされるかわからないと思っていたのか、「部下にバカにされたくない」という焦りが嫉妬を生んでいたようだ。

賢い上司なら、優秀な部下を上手に使って仕事をしてもらい、それをハンドリングする能力で自分を高めればいいのだが、それができない上司もいる。仕事のできる部下への羨望が強い嫉妬心を生み、部下を敵対視するようになるのだ。

私の場合、非常にやりづらい上司であり、その嫉妬心の強さに呆れ、哀れにさえ感じた。そしてほどなく、その上司は退職した。「男の嫉妬心は根深い」と感じたものである。

こうした嫉妬心の呪縛《じゅばく》に陥る人に特徴的なのは、あらゆることで自分と他人を比較することである。表層的、個別的なことで自分と他人を比較するのに懸命なのだ。「自分は自分、他人は他人」と割り切ることができない。

他人と比較して一喜一憂するから、何かにつけて自分が劣っていると感じれば、その相手に対する嫉妬心が芽生えてしまう。一方、自分が勝っていると感じた人間に対しては、優越感を抱くのだ。しかしそれも、かりそめの自信にすぎない。

いずれにせよ、人間というものはどっちが優れているとか、劣っているとか、単純に比較して優劣をつけられるような存在ではない。比較することで得られるものなど何もないと考えるべきだ。

「嫉妬とはなんであるか？　それは他人の価値に対する憎悪を伴ふ羨望である」

私たちの世代では、かつて青春時代のバイブルとして親しまれた哲学書『三太郎の日記』を書いた阿部次郎の言葉である。他人を羨む心は誰にでもあるだろう。そう感じるなら、その気持ちをバネにして努力すればいいだけのこと。羨ましいからといって、その人間を憎悪するような生き方だけはしたくないものだ。

嫉妬心は人を下品にするものだと心得ておいた方がいい。

●ストレートを投げ合う「大人の論争」がいい

「叱る時は叱る」「怒る時は怒る」「異議がある時は異議を唱える」

仕事はもちろんだが、プライベートにおいても、私はこれらを生きる流儀にしてきた。見境もなく実践するわけではないが、ここは黙って見過ごすわけにはいかないと判断すれば、自分の流儀を貫く。

私はいわゆる「腹でものを考える」ということができないし、したくもない。仕事であれ、プライベートであれ、「それはおかしい」が自分の中で許容範囲を越えてしまったら、その旨を相手に伝えるようにしている。顔で笑って、頷《うなず》いているのに腹では怒るようなことは流儀に反する。もしかしたら、その許容範囲がまわりの人よりもやや狭いかもしれない。しかし、それでいいと思っている。短所などとは思っていない。

なぜ、腹でものを考えることをしないかといえば、様々な不満、異議、不信といった感情は、表明せずに腹の中に置いておくと「腐る」からである。

そして腐ると化学変化を起こしたり、巨大化してしまうことがある。その時に抱いた感情が、別のものまで生み出してしまうこともあるのだ。

こうなってしまうと、不満、異議、不信の原因となった相手にも失礼だし、自分の精神衛生上もいいことはない。だから、生ごみは小さなうちに外に廃棄するのである。

こういう性格だから、他人に誤解を与えることもないとはいえないが、私と同じタイプの人間も決して少なくはない。様々なシーンで何度か生ごみを投げても、それをしっかりと受け止めてくれる人もいる。素直にそれを受け入れてきちんと処理してくれる人もいれば、受け止めた後に今度は自分の生ごみを投げ返してくる人もいる。「生ごみのキャッチボール」のはじまりである。

こうしたキャッチボールができる人とは、プライベートにおいても仕事においてもいい関係が築ける。いつも私が投げて終わりというわけではない。相手が投げた生ごみに理があると判断すれば、私は素直にそれなりの対応する。

「生ごみのキャッチボール」などというと、何やら汚らしく思われそうだが、新鮮な生ごみは汚いものではない。放っておくから汚くなってしまうのである。

これが大人の議論、論争の仕方だと思う。

ただし、このキャッチボールにもルールがある。

怒りにまかせて投げ込むのではなく、きちんと相手が受け取りやすいようにミットの中心に投げなくてはならない。受ける側もできるだけ体の中心で受け止める努力が必要だ。たまには、暴投気味の生ごみが投げられることもあるが、体を動かして真ん中で受け止める度量も必要だろう。いかに冷静でいようとしても、相手の感情は高ぶっている。そこは捕球技術ならぬ、「捕ごみ技術」が問われるところだ。

ビジネスパートナーとして長く付き合っている人間とは、私はしばしばこのキャッチボールをする。捕球の際に「バシン」とすごい音がすることもある。それでいい。

半年ほど前のことだが、ある出版社の女性編集者から原稿執筆の依頼があった。今まで仕事をさせてもらったことのない、地方の出版社である。ありがたいことである。

打ち合わせのためにわざわざ上京し、私のオフィスを訪ねていただいた。

その打ち合わせの席上、提示された企画書に異議を感じた私は、ストレートにそれを伝えた。初対面の相手にしては、口調もかなりきつかったと思う。そのうえで代案を提示した。いわば、初対面の女性に豪速球を投げてしまったわけである。

相手は困惑顔だったが検討して再度、連絡する旨を伝えてオフィスを後にした。私自身は相手の表情から「このご縁はなかったな」と思っていた。

だが、五日ほどして、その女性からメールが届いた。丁寧な謝意とともに、練り直された企画書が届いたのである。

前の企画の方向性とはまったく違ったものだったが、私の代案の主旨を見事に織り込んだ、執筆意欲をかきたてるものだった。想像もしなかったほどの企画書である。私は快諾《かいだく》した。


「腹でものを考えない」という私のスタンスを理解し、私の意向を受け止め、それをさらにブラッシュアップしてくれたわけである。見事な捕球と投球の技術である。彼女もまた、腹でものを考えない人だったわけである。

仕事のシーンでこういうキャッチボールができるパートナーに巡り会えるのは、物書き冥利に尽きる。長く付き合えそうな人と知り合えたことに私は感謝した。

「朋友の間、悪しきことならば面前に言うべし、陰にて謗《そし》るべからず。後ろめたく聞こゆ。面前にて其過《そのあやまち》を責め、陰にて其善《そのぜん》を褒《ほ》むべし」（貝原益軒）
最後にひと言。生ごみを投げる時はストレート。今流行りのツーシームやチェンジアップといった変化球はルール違反。相手にぶつけようというブラッシュボールは論外である。

●叱る、叱られるで人間が成長する

「ちょっと前の話なんですがね」

　そう切り出して、男のボヤキが始まった。新車を買うつもりなどないのだが、私のオフィスを喫茶店と勘違いして時々訪れる、外車ディーラーの営業マンの話だ。

「部下を大声で叱ったんですよ。何度いっても新規契約の報告書を出さないものですから。そうしたら、泣きそうな顔でこういうんです。『メールでお願いします』って。開いた口が塞《ふさ》がりませんでした。そいつの席は、私の目の前なんですよ」

　私も驚いたが、現実にそういう人間がいるだろうことは想像に難くない。

　私自身、メールの便利さは日ごろから実感している。仕事関係でも、あまりに要領を得ない話なら、メールで簡潔に伝えてくれるよう頼むことはある。だが、この場合はメールというツールの是非の問題ではない。彼の部下は叱られること、とりわけ、まわりの人間がいる前で叱られることを極度に恐れているようだ。

　十把一絡《じっぱひとから》げに、世代の違いということで片づけてしまうのは慎まなければならないが、相対的に今の二〇代、三〇代は叱られることを恐れる傾向があるようだ。叱る、叱られるという関係が、単なる感情面から生まれている場合は論外だが、仕事であれ、プライベートであれ、叱らなければならないこと、叱られなければならないということは必ずある。

それを避けていたら、叱る方は自分の役割を果たしていないことになるし、叱られる方は自分の落ち度を認める機会を失い、それを正すこともできなくなる。

私自身、家以外で叱られる機会はめっきり減ってしまったが、どうしても叱らなければならないことはある。そんな時、叱り方についてはちょっと気を遣う。私は気が短いし、腹でものを考えることをよしとしない人間だから、基本的には単刀直入にその人間の過ちを短い言葉で指摘するように心がけている。そんな私でも、叱る時のTPOはわきまえている。

① 場所を問わず、大声で厳しく叱る
② 場所は問わないが、冷静に理詰めで叱る
③ まわりに人がいない場所で、大声で厳しく叱る
④ まわりに人がいない場所で、冷静に理詰めで叱る
⑤ 電話で叱る

若い世代には④と⑤が向いている人が多いのではないか。こちらの怒りが激しい場合は、いちいち選んでいられないこともあるが、短気を自認する私でさえ、このくらいの配慮はしている。なぜなら、叱ることが目的ではなく、相手に過ちを正してもらうことが目的だからだ。

そのためには、相手がどんなタイプの人間で、どういう叱り方がもっとも有効かを考えて叱る必要がある。

私がパートナーとして一番仕事がやりやすいのは、もちろん①であるし、私の経験でいえば、総じてこのタイプは仕事ができると思う。

・仕事に感情を持ち込まない
・打たれ強い
・失敗を引きずらない

この三つの資質を身につけているからだ。

もし叱られることを恐れるあまり、上司をはじめとした人間関係で、いたずらに相手との距離を広げたり、過度なメール依存に陥っているなら、それは間違いなく欠点である。そんな人は、この三つの資質を身につけた方がいい。

そして、覚えておいてほしいのは、叱られる側よりも叱る方が、精神的にはエネルギーを消耗しているということ。叱られたことを正すかどうかが問題なのであって、冷たい言い方になるが、叱られる側の感情などどうでもいいことなのだ。

どう考えても理不尽な叱責は別だが、叱られた内容を検証することもなく、ただただ叱られたという事実に傷ついているのなら、それは筋違いというものだ。

要は「正すべきは正し、反論すべきは反論する」というシンプルな対応ができるかどうかだ。もっといえば、叱る相手に叱り方を選ばせているようでは、仕事もプライベートもまだ半人前だといえるかもしれない。

叱られることを怖がるのは小さな欠点でしかない。叱られることを恐れて逃げ回っていることが本当の欠点なのだ。

むしろ、心ある人間からの叱責は、自分への攻撃ではなく応援と考えるクセを身につけた方がいい。それくらい、叱られることに鈍感になってもいいのだ。

「日本ではミスをしても、たとえ負けても寛大だけど、ブラジルのファンはひどいことをいう。どちらがいいとは一概にいえない。優しい反応にも決して甘えることはないし、ひどいことをいわれたら『見返そう』っていいプレーができることもある。いわれた選手の受け止め方次第だ」

長く日本のサッカーシーンで活躍し、少し前に母国ブラジルに戻った三都主《さんとす》アレサンドロ選手は、ある雑誌のインタビューでこんな言葉を残している。高校時代から日本で暮らし、Ｊリーグ、欧州リーグ、そして現在もブラジルでプレーしている、日本ではおなじみの選手だ。おそらく人種的偏見にさらされたこともあるに違いないが、一流プレーヤーの言葉には重みがある。

叱責を恐れて逃げ回るのではなく、いくらか鈍感になって、叱責は応援なのだと肝に銘じて生きていけば、人間は強くなれる。

ちなみに、今の私は外では応援する一方だが、一度家に帰れば、わが妻の私への応援ぶりにはかなわない。

第4章

自分らしさをどう伸ばすか？
世間の常識は気にするな

●こんなときは「目をつむって」あげる

私には息子と娘が一人ずついる。ともに、既に独立してそれぞれ家庭を築いている。私はほとんど放任主義で、子どもに対して口うるさいことはいわなかった。「オヤジの背中」などとカッコいいことをいうつもりはないが、子どもは親がきちんと生きていれば、そう間違った道には足を踏み込まないものだと思っていた。

私自身、他人に誇れるような人生を歩んできたとは思わないが、少なくとも人様に恥じるような生き方はしていない。妻もまた同様のはず。ならば、たとえ子どもであっても、成人したら親が偉そうに口出しする必要もないと考えていた。

実際、息子と娘の今の生活ぶりを見れば間違っていなかったと思う。特に息子は、放っておいたら理系の大学に進み、今はその経歴を生かして化学系の会社で働いている。文系出身の私も妻も彼の進路には驚いたが、自分たちの経験だけでとやかくいわなかったのがよかったと思っている。

親の生き方を見ながら、子どもは子どもなりに自分で考えて生き方を見つけるものだ。

こういうスタンスは、会社における人材育成についても大切ではないかと思う。部下の短所や過ちをあげつらって叱責ばかりしたところで、いい仕事ができる人間にはならない。きちんと仕事をしている「上司の姿＝上司の長所」こそが、最高の教科書といえる。

「クスリと売春さえやらなければ、あとは自由にしていい」

思春期の娘に対して、父親である私の知人がいった言葉である。普通の親なら考えもつかないような大胆な言葉だ。だが、彼がこの言葉に至ったにはわけがある。

彼は、娘が三歳の時に妻と離婚した。妻が家を出て行き、男手一つで娘を育ててきたのだが、多感な思春期に入った娘の暮らしぶりに、世間でいう「不良」の兆候が表れてきたのである。高校に入学してほどなく、ヘアスタイルが豹変し、派手なメイクもするようになった。飲酒や喫煙も覚えたようで、酒やタバコの臭いをさせて帰宅するようになったという。

そんな彼女だが、もともと学業は「できる子」で、入学した高校は地元でも有名な進学校だった。

「考えてみれば、僕だって中学からタバコは吸っていましたからね」

彼自身、娘に対しては先の注意以外は特にしなかったという。わが身を振り返ってのことだそうだ。不良っぽくなった彼女の成績は見るも無惨なものに下降していったが、彼はそのことについても、心配はしたが何もいわなかったという。一方で彼は、自分の娘のある優れた資質を感じ取っていた。

「小さな頃から本が大好きで、グレ始めてからも本だけは読んでいました」

娘は荒れた生活の中でも読書はやめず、映画や演劇も好きで、一人で映画館や劇場に足を運んでいたという。そこで彼は考えた。

「あれはダメ、これはダメというよりも、娘の好きなこと、得意なことを伸ばせばいい」世間でいう「いい子」の生き方は望まずに、彼女の才能を伸ばすことだけを考えた。本を読んで、芸術に対する興味さえ失わなければ、多少はグレようとも、いつかその才能を彼女なりに生かせる道を見つけるだろうと信じたのである。

彼の教育方針は間違っていなかった。

彼女は高校三年生の秋になると、猛然と勉強を始め、ある有名大学の文学部に合格した。演劇部に入部し、大学卒業後は劇団の研究生になり、今では女優を目指して勉強中だ。

「結局、バカな親は自分のことはさておいて、子どもに多くのことを望みすぎると思うんです。ダメな部分というか、よくない部分というか、その時々の欠点や過ちをあげつらうばかりでなく、多少の欠点には目をつむって、いいところを伸ばすことだけを考えていればいい。子どもには過剰な期待はしない。親の七割くらいなら合格だと思えばいい」

男手一つで娘を育て上げた彼の表情は、どこかすがすがしい。

「親ができることは見守ることだけ。ちょっとくらい道を外してもいいじゃないか。ただ、戻ってこられない道もあるから、親はそこだけを注意していればいい。親がちゃんとやっていれば子どもは見ているものだ」（『週刊朝日』二〇一五年四月一〇日号）

歌手の北島三郎さんの言葉である。彼は五人の子どもの父親であり、女優である三女の水町レイコさんとの親子対談の中でそんなことをいっている。苦労の末に歌手の道を切り拓き、歌謡界のトップスターの座についた。二年ほど前に紅白歌合戦を卒業し、長期座長公演にも終止符を打ったものの、今なお新たな挑戦を模索する人ならではの言葉だ。

短所に目をつむり、長所を伸ばせば、人はいい育ち方をする。

●ときには「ハッタリ」で長所をアピールせよ

「私の長所は○○です」

あなたは、いつでも胸を張ってそういえるだろうか。

メリットをとことんアピールして自己主張する外国人と違い、日本人の多くは、自分では長所だと思っている資質があっても、それを公言することはしない。セールスポイントは自分からことさら強調しなくても、まわりの人が自然と判断してくれると思い込んでいるフシがある。謙虚なのだ。

もちろん、その考えは決して悪いものではない。そういう奥ゆかしさは日本文化の長所でもある。むしろ美徳といっていい。

ただ、一つはっきりしておきたいのは、あえて自分から口に出さなくてもいい長所とは、それが圧倒的な優位を持っている場合にかぎるということだ。「これは絶対、誰にも負けない」という長所があり、それを自他ともに認められていれば問題はない。

たとえば、「あの人の交渉力はすごい。どんな不利な立場の時でも、必ず成功させる」などといったケースだ。タフなネゴシエーターとして、周囲からも評価されている。

自分の長所は、わざわざ強調しなくてもわかってもらえるはず――昔なら、「お天道様は見ている」という表現で自分を慰めることもできた。しかし、残念ながら現代はそんな奥ゆかしいスタンスでは通用しない。ＰＲの時代である。

「自分のセールスポイントに関して、ときにはハッタリの一つもかませられなければ生き残れない」

そう断言したい。

たとえば、会社を例にとろう。

ひと昔前のように終身雇用制、年功序列が支配的だった風潮は途絶え、現代はその人の実力や会社への貢献度によって、あっという間に待遇や地位が変わってゆく。家族的な経営とか人間関係などは、どんどんなくなっている。みんなで和して仲良くといった経営は成り立たなくなっているのだ。長期的な視野に立って人材を育てようというスタンスや、黙っていても自分の長所を発見してくれる人など、いないと考えた方がいい。

人間性善説に立って、「見ている人は見ている」と信じることを完全否定はしないが、それなら自分が正当に評価されないことに泣き言はいわないことだ。

簡単にいってしまえば、誰もが認めていない、発見されない長所は、実は長所でも何でもない。それは自分の心の中にしか存在しない長所なのだ。だからこそ、これが自分の長所だと信じたら、自ら積極的にアピールすることが必要になってくる。

だが、現実的には自分の長所はこれこれだと胸を張っていえる人間は少ない。

それには様々な理由があるだろうが、「恥をかきたくない」とか「カッコ悪い」などというところだろう。だが、世間体を気にして控えるのはもったいないことだ。

中途半端なものでもいい。「これはたぶん、自分の長所だろう」といった思い込みや、少しでも自分に向いているのではないかと思えるようなことを、積極的にアピールするべきだ。もちろん、ハナからのでたらめというのでは困るが、わずかでも該当するなら、どんどん口に出していった方がいい。

これには大きな理由がある。自分が発言した言葉には、それを実現させてしまう力があるからだ。「思いは実現する」のである。

他人が気づいていない潜在的な長所や小さな長所でも、言葉にして積極的にアピールすれば、他人の視線を引きつけるだけでなく、自分の長所を確実なものにし、グレードアップさせるきっかけにもなる。

いい意味でのハッタリは、カラ手形をちゃんとした手形に変えてくれることもある。

●常識よりも「自分の感覚」が大切なのだ

「仕事が忙しくて健康診断に行けなかったんです」

健康診断という言葉と沈痛そうな表情から、悪い病気でも見つかったのかと一瞬驚いたが、そうではないことにすぐ気がついてホッとした。長年、新調する時はこの店と決めているメガネ店の店員だ。まだ、三〇代半ば。以前から健康オタクであることは知っていたが、ここまでだとは知らなかった。

世の中には、そんなに健康のことばかり気にしていたら、かえって健康を損ねるのではないかと思う人がいる。自覚症状の一つでもあるのかと思いきや、それもなし。ただただ健康のことばかりを考え、食生活に気を遣い、いいといわれれば新しいサプリメントにもすぐ飛びつく。通りの向こうで風邪が流行れば、布団を敷いて寝込みそうな勢いだ。ここまでくると、彼には気の毒だが、私から見れば立派な欠陥だ。

私自身、すい臓がん、胃がん、慢性閉塞性肺疾患（ＣＯＰＤ）のほか、白内障の手術などを経験してきたので、健康維持には大きな関心がある。いいドクターに巡り合えたことですい臓がん、胃がんは早期発見、手術で事なきを得た。慢性閉塞性肺疾患については、長年続いたタバコとの縁を数年前に切り、定期的に病院で診察を受け、現在は経過観察中である。そんな私が健康のためにもっとも気を遣っているのは、食事だ。といっても、簡単なことだけ。

「食べたいものを食べる」

これに尽きる。和食、中華、フレンチ、イタリアン何でもござれで、寿司や鰻なども無性に食べたくなって食すこともあるが、どちらかといえばフレンチ、イタリアンなどのいわゆる洋食が好きだ。とりわけ大好きなのが肉料理である。週に二、三回はステーキを食べないと調子が悪い。

普段の私は食べたいものを食べ、健康診断の数値などはあまり気にしないのだが、新聞広告で新しい健康本の出版を知ると、書店で手に取って立ち読みすることがある。

今、健康に関する書籍が次々に出版されている。書籍ばかりではない。雑誌、新聞からテレビまで、健康特集が花盛りだ。それらが教える、健康を得るためのコツをすべて実践したら、体がいくつあっても足りない。時には、まったく正反対のことを述べているものもあるから、読者としては何が何だかわからなくなってしまう。

「健康維持に関しては、どの説が正しいのですか」

本の出版をお手伝いして以来、親しくさせていただいているドクターに単刀直入に尋ねてみた。するとびっくりするような答えが返ってきた。

「私にもまったくわかりません」

そして続けた。

「喫煙、飲酒、食べ過ぎ、塩分、糖分のとり過ぎは確かに悪い。ほかにも、決して健康にはよくないだろうなと思われることはある程度わかりますが、医者の私がいうのもなんですが、本当のところはわかりません」

私としては、その「本当のところ」を聞きたかったので、この回答には拍子抜けである。確かに人並み以上に食べ、酒も大好き、タバコをスパスパする生活を送りながら、八〇歳、九〇歳まで元気な人もいれば、血圧、コレステロール、尿酸値などの数値にいつも神経をとがらせていたにも関わらず、心筋梗塞や脳出血であっけなく亡くなる人もいる。タバコを一本も吸ったことのない人が肺がんを患うこともある。

「結局、食事、運動、生活習慣などであまりに極端な偏りをなくすことです。あれを食べちゃいけない、これを食べちゃいけないということを考えない方がいいと思います。それを食べることの弊害よりも、食べられないストレスの方が体に悪いことだってあるんですよ」

食べることが大好きな私にとってはお墨付きをもらったようで、うれしい言葉である。そして続けた。

「自分の感覚を大事にすることですよ。肉を食べても元気になるのなら、食べればいい。お酒を飲んでストレス解消になるなら飲めばいい。自制することも含めて、もっと自分の感覚で生きていけばいいんですよ。絶対的なセオリーはないと思うし、わかりません」

ドクターでさえこうなのだから、神経質にならずにほどほどを守りながら、好きなものを食べ、好きなことをしていけばいいようだ。そして、自分の感覚を大事にすればいいということだ。実際、いたって元気なこのドクターも、話しているとヘビースモーカーであることがわかる。

かつては一日三食きちんと食べることが健康常識だったが、今では一日二食でいいという説もあるし、健全とされる血圧の数値もつい最近変わった。『笑っていいとも!』の司会を三一年間続けたタレントのタモリさんは一日一食で、それが自分には合っているのだという。七〇歳近いが、今も健康そうだ。乱暴な言い方をすれば、人それぞれの感覚でいいということなのだろう。

相撲の世界では、勝てば験《げん》担ぎに酒を飲み、負ければ験直しの酒を飲むという習慣がある。

特別な世界といってしまえばそれまでだが、健康常識の鎖にがんじがらめに縛られて、窮屈に生きていくのも考えものではないか。

●「口がうまい」のは長所、身を助けることもある

「口がうまい」

いわれた本人はあまりうれしくはないかもしれない。適当なことばかりいう人という意味だ。だが、人間関係を円滑にするためには「うまい口」は欠かせない。日常的な挨拶にはじまって、様々なコミュニケーションにおいて言葉遣いが巧みであることは大切なこと。お笑い芸人やバラエティ番組の司会者のような滑らかすぎる弁舌は、

一般社会では逆効果かもしれないが、ＴＰＯに応じて適切な言葉や物言いができると、物事がうまくいくことが多い。

また、品のいいユーモアやシャレた言葉遣いは、場を和ませる効果もある。特に、仕事のシーンでトラブルやミスが発生し、暗い空気が漂っている時など、誰かが発したひと言が雰囲気をガラリと変えることもある。

トラブルが起こった時、「命までは取られはしない。何とかなるさ」が私の口グセだ。しかめ面をしたり、厳しくミスを咎《とが》めることで目の前の事態が改善するならいいが、場の空気を重くするだけだ。妙案も浮かばなくなる。私の経験からいえば、事態が深刻であればあるほど、ある意味で楽天的に対応することが解決の近道であることが多い。

仕事のシーンばかりではない。人付き合いの場で失言したり、ミスや粗相《そそう》をして、まわりがどんな対応をしたらいいか戸惑って気まずい空気が流れている時など、気のきいたひと言が場を和ませる。

私の知人にこのひと言の達人がいる。
・食事中、箸から刺身が落ちた　↓「おっと失礼、ずいぶんとイキのいい鯛だな」

・社会の窓が開いていた　↓　股間をぽんと叩いて「キミは挨拶をしなくていいから」
・ゴルフプレー中にミスショットした　↓「いけねえ、次は双子の兄に打たせます」

文字で書いてみると笑えないかもしれないが、彼の間の取り方と表情がいいのだ。こういう言葉の遣い手はかけがえのない存在だ。コミュニケーションの潤滑油を常に備えている。

人前で失態を演じたとき、激昂《げきこう》して思わずマナーに反する言動を見せてしまった時など、気のきいた言葉でフォローできるとまわりの人のわだかまりもなくなる。日本人は、ウィットというか、気のきいた言葉を使える人が少ない。真面目すぎるのかもしれない。その点、欧米人はなかなか達者だ。欧米の映画を観ていても、思わずニヤリとすることがある。

二〇一五年の三月、アメリカゴルフツアーの『世界ゴルフ選手権』で、ラウンド中、八ホール目でロリー・マキロイ選手がミスショットし、ボールを池に打ち込んでしまった。世界ランク第一位の選手である。『ゴルフダイジェスト』電子版が伝えている。

激昂した彼は、手にしていたクラブを近くの池に投げ捨ててしまった。マナーを重んじるゴルフの世界では、やってはいけないことである。水しぶきが二回上がったわけだ。一回目は自分が打ったボール、二回目は投げ捨てた三番アイアンのクラブである。

ここまで精神的に乱れてしまっては、通常ならプレーどころではなくなるのだが、さすがに世界ランク一位。その後、スコアを二つ伸ばした。

「その時はカッとなってしまったんだ。六〇ヤードか七〇ヤード飛んだかな」

試合後、その行為を記者に問われて彼はこう答えた。ボールが飛んだ距離ではなく、クラブが飛んだ距離をいっているのだ。そして続けた。

「普段から、三番アイアンは使わないんだ。たぶん、その後も使わないと思ったから投げてしまったんだ。〈中略〉苦しんでいたけれど、そこからはしっかりプレーができた。決して誇れることではないけれど、その時は気持ちがよかったね」

日本人選手なら取材拒否するかもしれないが、メディア対応を重視する欧米選手ならではの言葉だ。そして反省とフォローの言葉で締めくくる。

「誰にも真似してもらいたくない。テレビで見ていた子どもたちにも影響しなければいいが……。僕が果たすべき役割ではなかった。その瞬間は気持ちよかったけど、今は後悔している」

こういう言葉に触れると、ゴルフファンもホッとする。やったことは褒められたことではないが、きちんと自分の言葉で、それも気のきいた表現で反省を示せば、まわりも納得するのだ。二六歳にして「うまい言葉遣い」の持ち主だ。行為を見たファンの不快感も消える。

「芸は身を助ける」という言葉があるが、「口が身を助ける」こともある。

●「笑い」を上手に活用して場をなごませる

前項で紹介した、クラブを池に投げ捨てたロリー・マキロイ選手の話。これには続きがある。この『世界ゴルフ選手権』が行われたコースのオーナーは、ドナルド・トランプ氏。大統領選での過激な発言で物議を呼んだ。不動産王の異名をとる大富豪だが、マキロイ選手の行為を知ってダイバーを雇い、彼が池に投げ入れた三番アイアンを回収することに成功した。

四日間で行われるこの大会の最終日、トランプ氏は練習場を訪れ、このクラブをマキロイ選手に渡した。想像するに、マキロイ選手は苦笑いしながら受け取ったに違いない。

そして、この日の最終ホールで因縁の三番アイアンを使うシーンが訪れる。ピンまで二一九ヤードの第三打。池越えのショットである。マキロイ選手が打った。だが、ボールはまたしても無情にミスショットとなり、水しぶきを上げて池に沈んだのである。その瞬間、マキロイ選手はクラブを放り投げる仕種をしたものの、実際にクラブを手から放すことはなかったという。

金持ちの道楽といってしまえばそれまでだが、ダイバーを雇ってクラブを回収させるトランプ氏の行動も実にシャレている。マキロイ選手が犯したマナー違反という出来事を逆手に取って、ユーモアたっぷりのエピソードにしてしまうのがいかにもアメリカ人らしい。日本なら、スポーツ紙やテレビのスポーツ番組が選手のシャレた反省の弁など無視して、鬼の首でも取ったように批判するのがオチだろう（私なら、ブーメラン形の三番アイアンでもつくって進呈したいところだが……）。

何度もいうように、行為そのものは褒められたことではない。しかし、何でも目くじらを立てて糾弾《きゅうだん》するばかりがいいわけではない。ユーモアに落とし込んだ手法を使うことで、笑いを誘いながら、結果、本人の反省やまわりの人間へのマナー徹底を促すこともできる。日本人には不足しがちなユーモアである。

以前、電車の中で見たシーンを紹介しよう。

それほど混んではいない車内で、チンピラといってはなんだが、二〇代の風体よろしくない二人組がダラしない格好で座席に腰を落とし、通路に大きく脚を投げ出していた。まわりの乗客は顔をしかめていたが、誰も注意はしない。すると、その二人組の前に座っていた親子がちょっとした「寸劇」を始めたのだ。三〇代半ばと思しき父親と五歳くらいの男の子。父親はラガーマンか格闘技経験者のような屈強な体つきだ。

まず、父親が前の二人組を真似るように通路に脚を投げ出す。すると、間髪を入れずに男の子が父親の太ももをパチンと叩く。叩かれた父親はかしこまった様子で素早く姿勢を正す。男の子は楽しそうだ。親子はこの動作を無言で三回ほど続けた。

はじめは無視していた二人組だったが、いくらか罰の悪そうな表情を浮かべ始めた。そして、まわりの乗客の目を気にしながら、投げ出していた脚を少しずつ縮め、腰を引き始めたのである。やがて、きちんとした姿勢で座り直した。

そこから三つ目の駅で二人組は電車を降りたのだが、降りる際にその親子に小さく会釈をしていった。相手が相手なら、一触即発の危険もはらんでいたが、二人組はこの親子の正義を素直に受け入れたようである。

見ていた私は感心した。まわりの乗客も小さく微笑んでいたように感じられた。

相手が悪ければ、マナー違反をちょっと注意しただけで殺されることさえある昨今である。腕力に自信があるからこそなのかもしれないが、この父親の行動は尊敬に値する。彼は実にスマートな手法で小さな正義を演じたのである。

「お見事でした」

親子とともに終着駅で降りた私は、敬意の念を伝えた。

「いや、とんでもない」

どこまでもスマートである。私は清々しい気分で仕事場に向かった。

仕事でもプライベートでも、自分の生き方や正義から考えて看過できない状況に出会うことはある。その当事者に対してストレートに相対さなければならない時もある。だが、ちょっとウイットをきかせた表現で対応すれば、お互い笑って理解し合えることもある。

角突き合わせることだけが、対立の解消法ではないのだ。

「無駄な一日。それは笑いのない日である」

チャップリンの言葉だが、私が知るかぎり、地球上で笑うことを知っているのは人間だけである。われわれは笑いの力をもっと信じて、うまく利用した方がいい。

●年をとっても「勤続疲労」のないスキルを磨く

何でも新しいものがいいとはかぎらない。国宝などの文化財を見てもわかるように、古いものには古いものの価値がある。会社も古ければ、古いなりに長所があり、人間も同じだ。それをより生かすべきではないだろうか。長老をバカにすべきではない。二〇一三年の調査によると、日本には創業一〇〇年以上の会社が二万社以上あるという。大正以前から、現在まで続いているのだ。天変地異や戦争、経済の大混乱を乗り越えて生き残っていることが素晴らしい。

それらの業種は様々だろうが、継続するために、その会社の技術力や営業力という蓄積されたノウハウが世代を超えて引き継がれ、それを土台に改良がなされてきたのだろう。そうした継承をスムーズに行うためには、トップが社員を大切にする土壌がなければならないと思う。

私も多くの会社と付き合う中で、それぞれの会社のあり方を観察してきたが、確かに社員を大切にする会社は、多少の波はあるにしても長い間安定した業績をあげている。若い会社の力を否定するつもりはないが、なかにはひとたび経営が低迷すると社員を邪魔者扱いするような会社もなくはない。

そんな会社と正反対の会社がある。神戸新聞電子版（二〇一四年一〇月二一日付）が伝えている。概略を紹介しよう。

神戸にある岡本鉄工合資会社という、大型船舶のエンジン部品製造を主力とする会社なのだが、なんと営業部長の忍海辺《おしんべ》栄造さんは八六歳、鍛造《たんぞう》の技術者である大森幸夫さんは七八歳。ともにフルタイムで働き、それぞれ営業と技術部門で活躍し、親子ほども年の違う従業員たちの見本になっているのだという。

業界に精通した長年の経験をもとに、材料費の変動、他社製品との比較などを考慮しながらコツコツと営業で実績をあげる忍海辺さんは、「ただ愚直に誠実に」をモットーに取引先の信頼を得ている。

一方の大森さんは、コンピュータで自動鍛造するシステムが主流になった現在でも、機械では加工できない複雑な部分を、長年培った手先の技術でつくり上げてしまうのだという。若手はもちろん、中堅の技術者にもその技量はなく、大森さんの技でしかできな数センチ単位の仕事なのだ。

「図面を見ただけでできるものではない。ここでこうしたら、どうなるのか。想像力がないとあかん」

大森さんの言葉だ。科学を越えた人間の技は、まだまだ健在である。

この会社の社員数は四五人、平均年齢は四一歳。六五歳で定年だが、前述の二人を含め七人が再雇用で働いている。バブル景気に沸いた八〇年代、「３Ｋ（きつい、汚い、危険）」の職場が敬遠され、人手不足に苦しんでいた頃も二人は会社一途だった。

「バブル期の人手不足を支えてくれたのが、ベテラン二人。若手を採用する時間を稼げた。偉大な先輩で、恩人だよ」

四代目社長の岡本圭司《けいじ》さんは、こう感謝の言葉を口にする。さらに「うちは文字通り終身雇用。いつまでも……」というから、二人の現役期間はまだまだ延びそうなのだ。ほとんどの会社では、どんなに会社に貢献できる知識やスキルを持っていても、画一的に定年退職を余儀なくされる。本人にまだ仕事を続ける意志があるにも関わらず、「経験のある人」が持ち場を追われる現実はもったいないではないか。

男女ともに平均寿命が八〇歳を越えた日本では、定年後を二〇年以上も生きることになる。今、二〇代から五〇代の現役の人たちも、いつかは定年を迎える。その時に自分を迎え入れてくれる人や会社はあるだろうかと、誰でも考えておかなければならない。

そのためには現役時代の今、その準備と計画をしておかなければ将来困る。

ここで紹介した長老の二人が、いまだに現役を貫き、会社から必要とされているのは、会社の低迷期にあっても、会社の利益に貢献しようとそれぞれの持ち場で奮闘し、営業力や技術力を磨いたからにほかならない。会社のお情けで留まっているわけではない。生き抜けるかどうかは、年齢の問題ではないのである。

四一歳でメジャーリーグのマイアミ・マーリンズに入団したイチロー選手は、入団会見の席でこう発言した。

「二五歳でも四五歳に見える人はたくさんいる」

高齢であること自体は短所ではない。それを補う長所があり、その長所が「勤続疲労」を起こしていなければ、世の中から必要とされるのである。

●「年齢」で人を語ってはいけない

七〇、八〇歳を過ぎても現役の営業マン、技術者として会社の利益に貢献し、後輩社員の見事なお手本になっている人のことは前項で書いた。若かろうが、年配者であろうが、その人の生き方を年齢だけで語ってしまうのはいかがなものかと思う。

これはアスリートについても同様だ。

二〇一五年四月五日、サッカーのカズこと三浦知良《かずよし》選手がJリーグで四八歳十カ月十日でゴールを決め、自らが持つ最年長記録を更新した際、ある発言が話題となった。発言の主は元プロ野球選手の張本勲氏だ。

「カズファンには悪いけど、もうおやめなさい」

日曜朝の『サンデーモーニング』（ＴＢＳ系）という番組の人気コーナー『週刊御

意見番』での発言である。三浦選手がプレーする日本プロサッカーのJ2リーグにも触れ、「野球でいうと二軍だから話題性がない」とか「若い選手に席を譲ってやらないと。しがみつく必要はないでしょ、これほどの選手なんだから」といった主旨のことを述べたうえで、指導者になるべきだという持論を展開した。

私は朝食を食べながらテレビを見ていたのだが、「余計なお世話だ」と感じた。私自身、サッカーには詳しくないが、三浦選手は年齢には関係なく今も戦える体力とスキルを備えていると思っている。日ごろから体力維持のための科学的トレーニングを欠かさないし、体脂肪管理のために食事にも細心の注意を払っていることを、彼にスポットを当てた特集番組で知っていたからだ。

張本氏流の言い回しだから、目くじらを立てて論ずるのも大人げないかもしれないが、彼の発言にはスポーツを語る立場としては見逃せない事実誤認がある。

まず、J2が二軍というのはおかしい。彼はプロ野球の常識で論じているが、J2はプロ野球の二軍とはまったく違う。確かにJ1の下部にあるリーグではあるが、リーグの垣根のない天皇杯などの大会では、J1チームがJ2チームに敗れることもしばしばある。

毎年、J1リーグの成績下位のチームとJ2上位のチームが入れ替え戦を行い、それぞれ昇格したり、降格したりする関係である。Ｊ２時代のガンバ大阪の遠藤保仁《やすひと》選手のように、日本代表チームに選抜されることもあるのだ。私もそれくらいは知っているし、サッカーファンなら子どもでも知っている。

もう一つは「しがみつく」という言葉だ。三浦選手は「サッカー選手に引退はない」と明言しているように、契約してくれるチームがあればどこでもプレーするというスタンスなのだ。今所属している横浜ＦＣも、そこからオファーがあったから、契約したまでだ。頼み込んで「お情け」で所属しているわけではない。

また、指導者になるか現役を続けるかは、他人がとやかくいうものではないし、プロ選手である以上、若い選手に譲る必要などない。

そうした疑問を持ったのは私だけではなかったようだ。ツイッター上では「がっかりした」「野球以外のことを話すな」「暴言」「カズを侮辱」「Ｊ２のことがわかってない」などの声が寄せられたと聞く。

だが、三浦選手の対応ぶりは見事だった。

「『もっと活躍しろ』っていわれているんだと思う。光栄です。『これなら引退しなくてもいいって、オレにいわせてみろ』ってことだと思う」

張本氏の言葉をここまで「翻訳する度量」は一流だ。どちらが年長者かわからない。

さすがに張本氏も旗色が悪いと感じたのか、次の週の放送で「カズさんの対応には感心した」と語ったが、明確な謝罪の言葉はなかった。司会の関口宏氏から話題を振られて「『あっぱれ』あげてください」とまとめたが、見ている方としてはスッキリしなかった。

話の紹介が長くなってしまったが、このエピソードから肝に銘じなければならないことがある。

「年齢で人を語るな」

これである。

もちろん「最近の若いヤツ」も同罪だ。人は年齢によって判断される存在ではない。これはスポーツの世界だけのことをいっているのではない。一般社会においても、若くても仕事のできる人はいるし、ベテランといわれる年代でも仕事のできない人はいる。その逆もある。要は、「どう生きているか」「どう成果をあげているか」で語られるべきなのである。年齢を盾に人を語るのは、自分に力がないことを自ら認めている証拠なのである。

●あなたは何が目的で働くのか？

若い読者から、転職の相談がしばしば舞い込む。私は著書などでも「不満があっても、三年は我慢すべきだ」と繰り返し述べてきた。ある程度のキャリアを積んだ人間なら、転職という選択もありうるが、社会経験の乏しい人間が一面的な不満だけで転職を考えるのは早計というものである。会社に所属することで享受できるメリットも多いのだ。

また、転職を考えている読者の相談で気になることが一つある。それは転職の動機として収入面での不満を挙げる人が多いということである。

確かに、生きていくうえで収入が多いか少ないかは小さな問題ではないが、それがすべてだろうか。そうした不満を漏らす人の多くは「ほかの会社に入った同級生に比べて」とか「競合他社に比べて」と転職希望の理由を挙げる。

私はそれを聞くと、ちょっと首を傾けたくなってしまう。働いていて充実感があるのか、働きやすい会社なのか、人間関係はスムーズなのか、楽しく仕事をしているのか、その会社への愛着があるのかないのか、といった観点が欠けている。収入面以外は視野にないようだ。こういう相談に対して、私は次のような問いかけをしてみる。

お金以外に働く動機はないのか？　これまでの人間関係を捨ててもいいのか？

会社に対する「情」や「恩」や「義理」はないのか？　今の会社でしか得られないものはないのか？

「何を古臭いことを」

そんな声も聞こえてきそうだが、そう感じる人にはこう反論したい。

「古いから間違っているのか」

自分の目先の利益だけをドライに優先するような生き方は、確かに新しいのかもしれないが、だからといってそれが正しいということにはならない。実際、お金になびいて、中国、韓国、欧米などの企業に転職したものの、使い捨てされた人間を何人も私は知っている。「古さ」を軽視した結果である。

少し前、アメリカ大リーグから古巣の広島カープに復帰した黒田博樹投手などは、さしずめ「古い人」だろう。もちろん、一般サラリーマンとは単純に比較はできない。だが、年俸二一億円ともいわれるアメリカ大リーグのオファーを蹴り、四億円（プラス出来高）で古巣に里帰りしたヒーローは、広島カープファンはもとより、多くの野球ファン、そしてそれ以外の人々の心さえも熱くさせた。

厚遇を捨て、好きな野球を好きな球団、好きな場所でやることを選んだ。マツダスタジアムのマウンドで、幸せ感を全身でアピールする。

「僕が他球団のユニフォームを着て、広島市民球場でカープのファン、カープの選手を相手にボールを投げるのが自分の中で想像がつかなかった」

「力が残っている時に日本に戻る。もちろん広島で」

そんな黒田選手に私は拍手を送りたい。

また、好きな野球を好きな場所でやることを選んだ選手がもう一人いる。

その男はトロントブルージェイズとマイナー契約をしている、川崎宗則選手だ。

日本では盗塁王、最多安打などのタイトルを獲り、ゴールデングラブ賞やベストナインも受賞。ソフトバンクホークスでは選手会長も務めた選手だが、海外フリーエージェントの権利を獲得すると、アメリカ大リーグへの挑戦を表明。マリナーズとマイナー契約し、イチロー選手とチームメイトになるも、一年で自由契約。翌年はトロントへ渡り、ブルージェイズとマイナー契約を結んだ。

日本でトップレベルの成績を残してきた選手が、アメリカではマイナー扱いにされることがある。華やかなメジャーの世界とは違い、ガタガタと揺れるバスでの長時間移動や、ハンバーガーなどのジャンクフードですませる簡単な食事。マイナーリーグではそれが普通なのだが、日本で頂点に立ったことのある選手からすれば、逃げ出したいような環境だ。事実、これまで何人もの日本人選手が、マイナーリーグでの生活についていけずにほうほうの体で逃げ出している。

ところが川崎選手は、そんな境遇にもめげずにマイナーで契約し、ここ二年は故障した選手に代わり、シーズン途中からはメジャー契約をしてプレーしてきた。高給とレギュラーの座が保証されるであろう日本には帰ろうともしない。

彼は人一倍明るい性格で、チームのムードを変えることのできる選手。ファンにもチームメイトにも、決して得意とはいえない英語で話しかけ、何をやるにしても楽しんでいるように見える。ファンも球団も、川崎選手の存在意義を十分にわかっている。だからこそ、簡単にはクビにできない。

仕事において、お金だけを尺度にせず、自分の境遇を楽しめるというのは、何にも勝る長所である。黒田選手も川崎選手も、マイナス面に不平不満をいうわけでなく、自分が手に入れた環境を心から楽しんでいる。明確なモチベーションを持って働ける人間が、一番幸せなのだ。それを忘れてはいけない。

●ときに執念深さもカッコよくなる

送られてきた企画書を見た時、「どこかで見たことのある企画書だ」と思ったが、直感的に面白そうだと思った。一カ月ほど前のことである。

おかげさまで、書籍執筆の依頼が月に一、二本は舞い込む。物書きとして「男は死ぬまで働く」をモットーにしているが、依頼がなくなれば働くこともできなくなる。こうして依頼があるのは、実にありがたいことだ。

その企画書を送ってきた編集者は三〇代半ばの女性だが、開口一番にこういった。

「一〇年前にご提案したのですが、受けていただけませんでした」

どおりで、どこかで見たことがあるわけだ。一〇年前のコンセプトを生かしながら、タイトル、キャッチコピー、切り口を大変身させ、シャープにして再提案してくれたのだ。

「諦めが悪いですね」

経緯を聞いて、私は冗談めかしながらそういいつつも、その熱意に心を動かされた。私は忘れてしまっていたが、彼女いわく「けんもほろろ」に私は断ったらしい。

ちなみに「けん」は雉《きじ》の鳴き声、「ほろろ」はその羽ばたきの音で、無愛想な様子のたとえだ。私自身、反省もしたが、こちらも仕事。雉になってしまったのは、その当時の企画書には魅力を感じなかったからだろう。

しかし、感心するのは彼女の執念深さだ。今でこそ私は執筆が中心だが、新聞記者から編集者、出版プロデューサーという経歴があって、特にエディターマインドは今も健在だと自負している。

編集者にとって、この執念深さは大きな武器だ。「これは」とひらめいた企画なら、一度や二度の断りでめげていては実現しない。断られても、断られても、何回もチャレンジする粘り強さは欠かせないのだ。

熟考を重ねて磨き上げた企画書で何度も迫られれば、書き手も心が動く。私自身、著者に門前払いを何回もされた末に、熱意が通じてその人の著作を世に出し、出版プロデューサーとして大ヒットを飛ばした経験もある。

こうした泥くさい仕事の進め方は、一部の若い人たちからは「ダサい」「キモい」などという言葉で一蹴《いっしゅう》されそうだが、仕事で成果をあげるというのはそういうことである。

世の中では、「往生際が悪い」「未練がましい」「執念深い」などと評されることもあるが、粘り強さは人間の進歩には欠かせないものだ。

「物事を成就させる力は何か、その力の中にはむろん能力があろう。だが能力は必要な条件であっても十分な条件ではない。十分な条件とは、その能力に、機動力、粘着力、浸透力、持続力などを与える力である。そのような諸力を私は執念と呼びたい」

若い人にはなじみがないかもしれないが、高度経済成長期に、経営者として、経団連の会長として、また時の政権のアドバイザーとして活躍した土光《どこう》敏光氏の言葉である。

生涯、質素な生活を続け、財産を築いたわけでもなく、生活費以外は母親が設立した橘学苑という学校に寄付をした、清貧を絵にかいたような人である。その質素な生活ぶりから、「メザシの土光さん」の異名をとった。生前、私は一度だけ、あるパーティで尊顔を拝したことがあるが、並みの経営者にはない独特のオーラを持った方だった。

努力家でもあった土光さんの言葉にもあるように、物事を成功させるために執念深さは欠かせないのだ。客観的な精査が必要であることは当然だが、「一途に生きる」「自分の思いを大切にする」「必ず実現する」というメンタリティ、言葉を変えれば、ある種の執念深さがなければ、どんな才能も開花しない。

私は冒頭の編集者の一途さ、企画のシャープさに感心し、依頼を受け入れた。実にカッコいい執念の持ち主だ。別れしな、私は彼女に丁重にお礼の言葉を伝えた。

おわりに……「変わり者」はほめ言葉と思え

「変わり者といわれています。どうしても人と同じようにはできない」

読者からそんな相談をされたことがある。私は、それ自体は短所ではないとエールを送ったうえでこう答える。

「変わり者をＵＮＩＱＵＥと置き換えてみてください。『唯一』という意味ですよ」

まわりの人間と違うということが短所なら、地球上のすべての人間が短所を持っていることになる。

他人事のようで恐縮だが、人間がすべてクローン人間のようだったら気持ちが悪いし、生きていてもつまらないだろう。

基本的な常識がまったくない、ルールを守らない、凶暴などという変わり者は困ったものだが、少しくらいまわりと違うからといって、無理して型にはめることはない。そのことによって集団から孤立するようなことがあってもいいとさえ、私は思う。

私は、子どもの頃から本が大好きだった。高校からエスカレーターで大学に進むときも文学部に行こうと決めていた。

だが、それを知った父親から「文士にするためにはかねを出せるか」と一喝され、経済学部を目指した。経済学部へ進学するためには、それまでの成績では不可能。猛勉強してようやく入学できた。私の人生で、あれほど勉強した経験はない。

同じ経済学部出身の父親は商社とか金融関係の会社に入ってほしかったのだろうが、活字の世界への夢は絶ちがたく、私は新聞社に入社した。大学の同級生からは変わり者扱いされたが、私自身、変わり者だとは思っていなかった。

確かに私の世代で一応の大学、それも経済学部出身となれば、マスコミ志望は間違いなく少数派だった。

しかも新聞社を辞めて、出版プロデューサーとして独立、今も著述業で現役。クラス会に参加するメンバーのほとんどは、商社や銀行など業種こそ異なるが大企業のサラリーマン出身者。定年まで勤め上げ、今は悠々自適の年金暮らし。わずかに現役の人間もいるが、老舗店の跡継ぎくらいだ。キャリア的に私が変わり者と呼ばれても仕方ないのだろう。

今でこそ、マスコミ志望者は多いし、大手企業ともなれば、待遇面でも一流企業に引けはとらないが、当時はごく一部を除いて決して恵まれているとはいえなかった。私の入社した新聞社もそうだった。だが、私は独立したばかりのほんの一瞬の時期を除いて、自分の選んだ道を後悔したことはない。

本好き、活字好きが高じて選んだ道だが、だからといって、仕事の現場でそれがすぐに好きな仕事になったわけではない。

ただ好きで接する活字と、お金をいただくために扱う活字では、まったく違う。人間関係の難しさもある。九時から五時までの定時の労働時間とは無縁。二日も三日も徹夜が続くこともしばしばだった。

それでも「素材としての活字」は好きだったし、単なる表現の受信者から発信者に立場が変わって、色々な経験をし、そのなかで様々な発見があったことで好きな仕事になった。好きな仕事に「した」というのが正しい表現かもしれない。

たとえそれが少数派であり、収入や労働の厳しさなど様々な面で一般的な常識からは決して恵まれているとはいえなくても、人生において「自分が好ましいと思う生き方」を選ぶということは、何にもまして誇りに思っていいことだと思う。世間一般的な物差しですべての人の幸福度を測れるわけではないのだ。

「変わり者って言われるような人間じゃなきゃダメなんだ。変わってるから、人と違う発想ができるんだし、人と違うものがつくれるんだ」

世界の大企業やＮＡＳＡからも注目される金属製品をつくる岡野工業の社長、岡野雅行氏の言葉である。世界の進歩は「変わり者」が支えているといっても過言ではないのだ。「変わり者」、大いに結構じゃないかと思う。

二〇一六年　秋

川北　義則

本書は、二〇一五年九月、リベラル社から発行された単行本『短所は直すな！　ダメなところが自信に変わる』を改題し、大幅に加筆・修正したものです。

文芸社文庫

短所が自分の魅力になる
新・逆転の流儀

二〇一六年十月十五日　初版第一刷発行

著　者　川北義則
発行者　瓜谷綱延
発行所　株式会社　文芸社
〒一六〇-〇〇二二
東京都新宿区新宿一-一〇-一
電話　〇三-五三六九-三〇六〇（代表）
〇三-五三六九-二二九九（販売）

印刷所　図書印刷株式会社
装幀者　三村淳

ISBN978-4-286-18042-7

［文芸社文庫　既刊本］

蒼龍の星㊤　若き清盛
篠　綾子

三代と名づけられた平忠盛の子、後の清盛の出生の秘密と親子三代にわたる愛憎劇。やがて「北天の王」となる清盛の波瀾の十代を描く本格歴史浪漫。

蒼龍の星㊥　清盛の野望
篠　綾子

権謀術数渦巻く貴族社会で、平清盛は権力者への道を。鳥羽院をついで即位した後白河は崇徳上皇と対立。清盛は後白河側につき武士の第一人者に。

蒼龍の星㊦　覇王清盛
篠　綾子

平氏新王朝樹立を夢見た清盛だったが後白河との仲が決裂、東国では源頼朝が挙兵する。まったく新しい清盛像を描いた「蒼龍の星」三部作、完結。

全力で、1ミリ進もう。
中谷彰宏

「勇気がわいてくる70のコトバ」――過去から積み上げた「今」を生きるより、未来から逆算した「今」を生きよう。みるみる活力がでる中谷式発想術。

贅沢なキスをしよう。
中谷彰宏

「快感で生まれ変われる」具体例。節約型のエッチではなく、幸福な人と、エッチしよう。心を開くだけで、感じるような、ヒントが満載の必携書。